湖北经济学院经管系列学术文库

本书系国家自然科学基金项目："农超对接"模式下农户心理契约、渠道机会主义行为与流通效率研究——以生鲜蔬菜为例（71403085）的转化成果，并受到湖北省社科基金一般项目（后期资助项目）：湖北城镇居民绿色消费行为研究（项目编号：2018039)的资助

陈金波　等◎著

湖北省城镇居民绿色消费行为研究

HUBEISHENG CHENGZHEN
JUMIN LÜSE XIAOFEI XINGWEI YANJIU

中国财经出版传媒集团
经济科学出版社
Economic Science Press

图书在版编目（CIP）数据

湖北省城镇居民绿色消费行为研究/陈金波等著
.—北京：经济科学出版社，2021.4
（湖北经济学院经管系列学术文库）
ISBN 978 - 7 - 5218 - 1712 - 6

Ⅰ.①湖… Ⅱ.①陈… Ⅲ.①城镇 - 居民消费 - 绿色消费 - 消费者行为论 - 研究 - 湖北 Ⅳ.①F126.1

中国版本图书馆 CIP 数据核字（2020）第 125823 号

责任编辑：王柳松
责任校对：郑淑艳　蒋子明
责任印制：王世伟

湖北省城镇居民绿色消费行为研究
陈金波　等著
经济科学出版社出版、发行　新华书店经销
社址：北京市海淀区阜成路甲 28 号　邮编：100142
总编部电话：010-88191217　发行部电话：010-88191522
网址：www.esp.com.cn
电子邮箱：esp@esp.com.cn
天猫网店：经济科学出版社旗舰店
网址：http：//jjkxcbs.tmall.com
北京季蜂印刷有限公司印装
710×1000　16 开　12.5 印张　210000 字
2021 年 5 月第 1 版　2021 年 5 月第 1 次印刷
ISBN 978 - 7 - 5218 - 1712 - 6　定价：49.00 元
（图书出现印装问题，本社负责调换。电话：010 - 88191510）

前　言

随着经济、社会发展，人类慢慢认识到环境保护和资源节约的重要性，同时，随着人们消费观念的转变和消费能力的提升，绿色消费模式被越来越多的人认可、接纳。

与传统的消费模式相比，绿色消费将自然生态系统具象化，并在此基础上对人类的消费行为进行约束，提倡使用更加清洁、高效的方式与生态系统和谐共处，是将可持续发展观融入消费领域的表现。

中国自然资源丰富、人口众多，但人均矿产、水、耕地、林区等资源在世界上处于较低水平。改革开放以来，人们的生活水平日渐提高，消费能力逐步增强，中国完全有能力且有必要在保持经济稳步增长的态势下，大力推进绿色消费观。促进绿色消费，既是对中华民族勤俭节约传统美德的继承发扬，也是对党“五位一体”战略部署①的积极响应，是对实现社会主义现代化目标和中华民族伟大复兴战略的有力支持。促进绿色消费，也是顺应消费发展趋势，推进供给侧结构性改革，促进经济平稳发展的重要方式。

湖北省作为中部大省，其城镇居民的绿色消费行为具有引领作用。那么，应如何促进湖北省城镇居民的绿色消费行为呢？要解决这一问题，我们必须从绿色消费的内容、行为机制、制约因素入手，结合湖北省的地域特点和资源环境对其进行剖析。绿色消费作为新兴的消费理论，与目前传

① 推进“四个全面”实现“五位一体”——四论学习贯彻党的十八届五中全会精神，http：//theory. people. com. cn/n/2015/1103/c40531-27769703. html。

统、主流的消费理论有一定不同。因此，对于居民绿色消费行为和相关理论的研究是对消费行为研究的重要补充和扩展，具有相当的必要性。同时，对湖北省城镇居民绿色消费行为的研究，也有利于国家制定相关政策，引导居民的绿色消费行为。

围绕上述关于湖北省城镇居民绿色消费行为研究提出的问题，本书从传统消费行为理论出发，借鉴中外文文献相关研究结论，采用历史回顾、文献分析、内容分析、深度访谈等定性研究方法，结合了实验设计、抽样调查、数据分析、多元线性回归等定量方法，在这基础上，构建了湖北省城镇居民绿色消费行为的影响因素模型并探讨了居民绿色消费行为的特征及影响因素，对建立模型进行了实证检验，确定影响湖北省城镇居民绿色消费行为各因素的相关性。

本书的研究内容和主要结论有如下五点。

（1）湖北省城镇居民绿色消费行为的特征分析。在第3章中，先对于调研对象的基本情况进行了描述性的统计分析，在此基础上，总结绿色湖北省城镇居民绿色消费行为的特征，即中国的湖北省城镇居民的绿色消费量和绿色消费频率都低于发达国家水平。

（2）湖北省城镇居民人口统计特征变量对绿色消费行为的影响分析。第4章主要介绍了中外文文献的相关研究——人口统计特征变量对居民绿色消费行为的影响。以此作为理论基础，本书结合实际情况提出了中国湖北省城镇居民人口统计特征变量影响居民绿色消费行为的研究假设，并运用回归分析的方法对其进行了验证，最终得出人口统计特征变量会通过影响居民的绿色消费意愿，进而间接影响其绿色消费行为的结论。

（3）湖北省城镇居民生活习惯对绿色消费行为的影响分析。第5章梳理了中外文文献关于居民生活习惯特征（如抽烟、喝酒）变量对消费行为的影响。在此基础上，本书结合实际情况提出了湖北省城镇居民生活习惯特征变量影响居民绿色消费行为的研究假设，并运用回归分析方法对研究假设进行了验证，最终得出以下结论。湖北省城镇居民生活习惯特征，诸如抽烟、喝酒、体育锻炼等会间接影响其绿色消费意愿与绿色消费行为。

（4）湖北省城镇居民行为态度、主观规范、知觉行为控制等特征变量对绿色消费行为的影响研究。在第4章、第5章中，本书对于人口统计特征、生活习惯特征等表层变量进行了因素分析，但在对相关文献的研究中，发现这些不足以表现出完全的相关性。因此，基于计划行为理论，本书第6章提出了湖北省城镇居民绿色消费中行为态度、主观规范和知觉行为控制等因素影响湖北省城镇居民绿色消费行为的假设，并通过实证研究方法对其进行验证，最终发现行为态度、主观规范、知觉行为控制等变量对于湖北省城镇居民的绿色消费意愿和绿色消费行为都能产生显著影响且对于居民绿色消费行为的影响是通过对居民绿色消费意愿的影响而间接产生的。

（5）湖北省城镇居民自我效能感特征变量对绿色消费行为的影响研究。在对已有文献的研究中，我们发现个体消费意愿与个体消费行为之间并不是直接联通的，还存在一些中介变量。比如，本书中采用的自我效能感特征变量。在此基础上，本书提出了自我效能感在湖北省城镇居民的绿色消费意愿与绿色消费行为之间存在调节关系的假设，并对假设进行了验证，最终发现，自我效能感能显著调节湖北省城镇居民绿色消费意愿与绿色消费行为之间的关系。具体来说，对于具有高自我效能感的湖北省城镇居民来说，其绿色消费意愿将会更为显著地向绿色消费行为转化；反之，则较难转化。

陈金波　冷凯君

2020年5月26日

目　录

第 1 章

导　论

1.1 研究背景及问题的提出

按照《中国大百科全书（第二版）》的说法，人类已有 600 多万年历史，与 46 亿岁的地球相比，可以说是蹒跚学步的“幼儿”。然而，随着人类的发展，尤其是工业革命以来，人类对自然资源的消耗日益增多，逐渐增大自然“母亲”的负荷。

日益严重的环境问题，严重地制约着人类社会的前进和发展，目前，人类社会广泛使用的石油、煤炭、天然气等自然资源都在以肉眼可见的速度消耗。众所周知，这些自然资源都是长期以来地球的积累和馈赠，短期来看属于不可再生资源。按照 2016 年 43. 6 亿吨的全球石油年产量估算，仅可开采约 200 年，按照 2016 年全球 5. 3 万亿方的年产气量估算，全球天然气则仅可开采 130 年。[①] 为改善现状，促进经济和社会的可持续发展，各国陆续将可持续发展列入国家社会经济发展的战略目标中。在此基础上，部分专家学者提出了绿色消费的方式和概念。

绿色消费又称为可持续消费，顾名思义是在可持续发展的框架内，从

① 佚名 . 2016 年全球石油产量保持 39 亿吨，同比减少 0. 1% ［J］. 中国石油和化工经济分析，2017（2）：68.

满足生态需要出发的一种新型、健康的消费方式，其内容涵盖了绿色产品消费，能源物资高效利用、对自然环境的保护等方面。其本质是一种以提倡节约、降低不必要的开支、减少对自然环境的破坏为主要特征的新型消费理念。

联合国环境与发展大会于1992年通过的《21世纪议程》（*Agenda 21*）中提到，不当的消费模式所导致的环境恶化是目前地球面临的最严重的问题之一。而绿色消费对于改进消费模式、促进可持续发展起到了重要作用。

同时，中国也逐渐加大对环境保护、绿色发展的重视程度。中央出台的一系列文件，无不说明中国正在逐渐重视绿色消费，鼓励发展绿色消费，积极响应联合国节能减排的号召，担当作为世界大国的责任。

近年来，随着经济、技术的不断发展，中国的工业产业也迅速发展，“中国制造”已经走出国门，走向世界，但受到技术水平和庞大需求的影响，中国在碳排放和资源消耗上也跃居世界前列。如图1-1所示，中国全年碳排放量近几年稳中见长，其中，2017年中国的碳排放量自2014年起连续三年下降后出现小幅反弹。

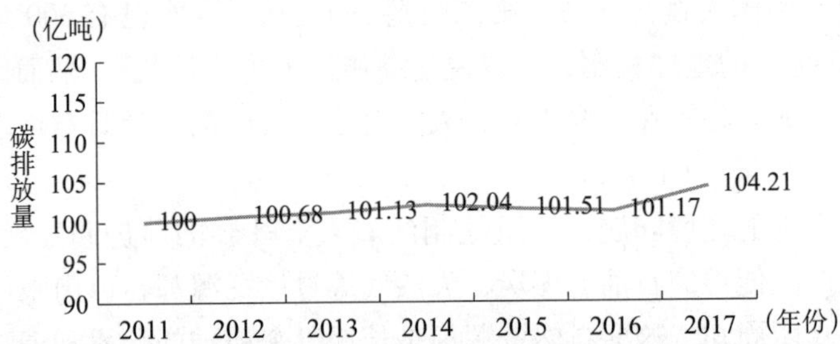

图1-1　2011~2017年中国历年碳排放量

目前，湖北省城市群正面临着经济全球化、“中部崛起”国家战略、湖北省“两圈一带”[①]建设及“绿色湖北”建设等的挑战机遇与发展机遇。2007年12月，经国务院同意，武汉城市圈和长株潭城市群获批成为全国资源节约型和环境友好型社会（以下简称“两型社会”）建设综合配套改革试验区。作为“两型社会”建设综合配套改革试验区城市所在省

① “两圈”是指武汉城市圈和鄂西生态文化旅游圈，“一带”是指长江经济带。

份，湖北省在资源节约、环境保护、绿色消费等方面成功起到了模范带头作用，在促进居民进行绿色消费方面取得了较好的成效。

而如何在此基础上，进一步落实政策，贯彻国家的绿色消费指导方针，从生态文明建设着手推进“五位一体”宏观布局的实现，除了需要政府和相关部门的努力之外，也离不开广大城镇居民的支持。因此，本书着手对湖北省城镇居民绿色消费行为进行研究，探讨各种因素对其的影响，力求为绿色消费行为的研究提供样本支撑和数据支撑。

1.2 研究目标和研究意义

1.2.1 研究目标

改革开放以来，中国经济蓬勃发展，国民薪资水平和消费水平稳步提升，在对资源的粗放型使用和消耗下，中国的资源储备和环境保护也受到了极大影响。

与之相对应，国家和各省区市相继出台了各种政策文件，推动绿色消费理念，规范消费行为，杜绝铺张浪费，倡导节能减排，引导城镇居民改变传统的消费观念和消费行为，逐步完成由粗放型经济到集约型经济的转型。

本书的研究目标在于，通过研究湖北省城镇居民的绿色消费行为，探讨城镇居民绿色消费行为的影响因素，并对之提出更好的改进建议。根据国家统计局公布的数据，2017 年，中国常住人口城镇化率达到 58.52%，超过 8 亿的城镇居民人口已成为中国居民的重要组成部分。[①] 城镇居民一般接受过良好的思想政治教育，对绿色消费的认可度更高，在政策方针的引导下会更容易采取积极的绿色消费行为，并对身边亲朋好友的绿色消费行为产生积极的影响。因此，从国家层面上看，在城镇居民中普及绿色消费观、加强绿色消费教育，推进节约型消费模式、环保型消费模式的建

① 数据来源于国家统计局 2 月 28 日发布《中华人民共和国 2017 年国民经济和社会发展统计公报。

设，将会产生更积极的影响，从而为社会节省大批资源，为构建资源节约型和环境友好型社会做出重大贡献。

以此为基础，本书主要探究以下问题：湖北省城镇居民的绿色消费行为现状、影响湖北省城镇居民消费行为的因素以及这些因素影响城镇居民消费行为的机制和途径。这些都是城镇居民绿色消费行为领域研究中亟须解决的问题，是生态文明建设布局实现的理论基础。

而在笔者查阅了相关文献后发现，目前，理论界在居民绿色消费问题上取得了一系列丰硕成果，但相关研究视角多较为宏观，研究多集中在对居民收入、人群特征与绿色消费行为的关系，国家政策对绿色消费行为的影响等方面，而从城镇居民绿色消费行为的角度研究区域性城镇消费模式的成果则显得较为单薄。

基于此，本书从传统消费行为理论出发，借鉴中外文文献相关研究结论，采用了历史回顾、文献分析、内容分析、深度访谈等定性研究方法，结合实验设计、抽样调查、数据分析、方差分析、多元线性回归等定量分析方法，在此基础上，构建了湖北省城镇居民绿色消费行为的影响因素模型并探讨了居民绿色消费行为的特征及影响因素，对建立模型进行了实证检验，确定影响湖北省城镇居民绿色消费行为各因素的相关性，最终期望达成如下研究目标。

（1）明确湖北省城镇居民绿色消费的行为特征。湖北省作为“中部崛起”战略的重要组成省份，以武汉市为中心的城市群，自 2007 年末就获得国家批准建设资源节约型和环境友好型城市综合配套改革试验区，在各省市之间应起到模范带头作用。城镇居民对绿色消费的认知逐渐增加，而在此期间，湖北省城镇居民绿色消费的行为特征和绿色意愿究竟发生了怎样的变化？带着这个疑问，本书采用了问卷调查的形式，共回收 488 份有效问卷，在对其进行统计分析后，确定湖北省城镇居民绿色消费行为的基本特征，并分析湖北省城镇居民绿色消费行为及消费意愿可能发生的改变，为实现湖北省经济可持续发展提供数据支持。同时，为中国城镇居民绿色消费行为的研究贡献一己之力。

（2）阐明湖北省城镇居民绿色消费行为的影响因素及影响机制。在查阅了诸多相关文献后，针对绿色消费行为的特殊性，笔者从理论上将影响湖北省城镇居民绿色消费行为的因素归结为人口统计特征、生活习惯特征、行为态度、主观规范、知觉行为控制、自我效能感这六个方面，并在此基础上，构建了影响湖北省城镇居民绿色消费行为的理论模型，对其进行实证检验。

（3）为湖北省政府制定“两型社会”发展对策和居民绿色消费政策提供相应参考。结合湖北省的地域特点和实证结果，本书不仅将进一步为绿色消费研究提供理论基础、数据支撑，丰富消费行为理论，还将立足实证结果，给出引导城镇居民进行绿色消费行为的建议，为湖北省更好地发扬“两型社会”模范带头作用、实施可持续发展战略提供参考意见。

1.2.2 研究意义

近几年来，国内对构建资源节约型和环境友好型社会的呼声越来越大，越来越多的人开始关注环境污染治理及资源消耗问题，很多国内外专家、学者都从不同角度阐述了绿色消费行为的意义和必要性，并提出了有针对性的政策。但中国正处于社会主义初级阶段，粗放型生产制造企业和传统消费理念使得中国在绿色消费领域进展缓慢，绿色消费模式在我国并未得到普及，居民的绿色消费意愿并不强烈。

基于这些问题，本书通过构建模型并对其进行实证分析，从湖北省城镇居民绿色消费行为角度出发，对与之相关的影响因素及其内在联系进行了分析研究，得出了较为可靠的结论，并在本书的结尾对研究内容进行了总结、归纳，提出了一系列有针对性的意见供读者参考。

（1）理论意义。现有中文文献关于居民绿色消费行为的研究较少，相关的研究成果主要集中在宏观政策对绿色消费行为的影响，居民收入、人群特征与绿色消费行为的关系等方面，但关于区域性城镇居民绿色消费行为的影响因素和影响机制的研究较少。因此，本书是对绿色消费行为领域研究成果的补充与扩展，有利于扩展目前中文文献中关于居民绿色消费理论的研究领域。

（2）现实意义。近年来，随着国内经济的发展和人民生活水平的提高，在资源节约和环境保护上出现了一些不曾注意的问题，为此，一系列相关政策出台，但这些政策主要是对居民消费行为进行引导，或是对工业生产企业和商品流通企业进行宏观调控。从目前来看，实际效果并未充分达到预期。同时，由于中国人口众多，人均自然资源占有量和环境容量水平在世界上均处于较低水平，转变居民消费方式、培养发展绿色消费理念刻不容缓。基于此，本书从湖北省城镇居民绿色消费行为入手，研究城镇居民的绿色消费行为及其影响机制。研究成果有利于国家制定相关政策引导城镇居民消费行为，有利于优化资源利用，促进环境保护，有效缓解因中国人口基数巨大带来的资源压力和环境压力，对于促进中国建设资源节约型和环境友好型社会有着重大意义。

1.3 研究思路与研究方法

1.3.1 研究思路

本书从传统消费行为理论出发，采用定性研究方法，结合定量方法，在这基础上，构建了湖北省城镇居民绿色消费行为的影响因素模型并探讨了居民绿色消费行为的特征及影响因素，对建立模型进行了实证检验，进而确定各因素影响湖北省城镇居民绿色消费行为的机制。直观思路见图1－2的技术路线。

1.3.2 研究方法

本书主要运用了定性与定量相结合的研究方法。在前期阶段，主要通过小样本预测试、深度访谈、对中外文文献的研究，建立湖北省城镇居民绿色消费行为量表并提出研究假设；在数据采集阶段，通过问卷星、现场调查、网络调查等方式向调查对象收集数据，在对收集到的数据进行整合之后，运用线性回归、方差分析等方法验证相关假设。本书对湖北省城镇居民绿色消费行为的研究结论希望能为读者带来一定启发，同时，能为政府制定引导湖北省城镇居民绿色消费行为的政策起到参考作用。

（1）建立测量量表题项。首先，对目前关于绿色消费行为的中外文文献进行归纳研究，建立测量量表和研究模型，并提出研究假设。其次，通过深度访谈获得量表测量题项。本书在湖北省武汉市、襄阳市、随州市等主要城市各商场选择了 20 位有过绿色消费行为的消费者进行深度访谈，在取得量表后由项目组成员对其进行分析、甄别，筛选出较优的测度项。

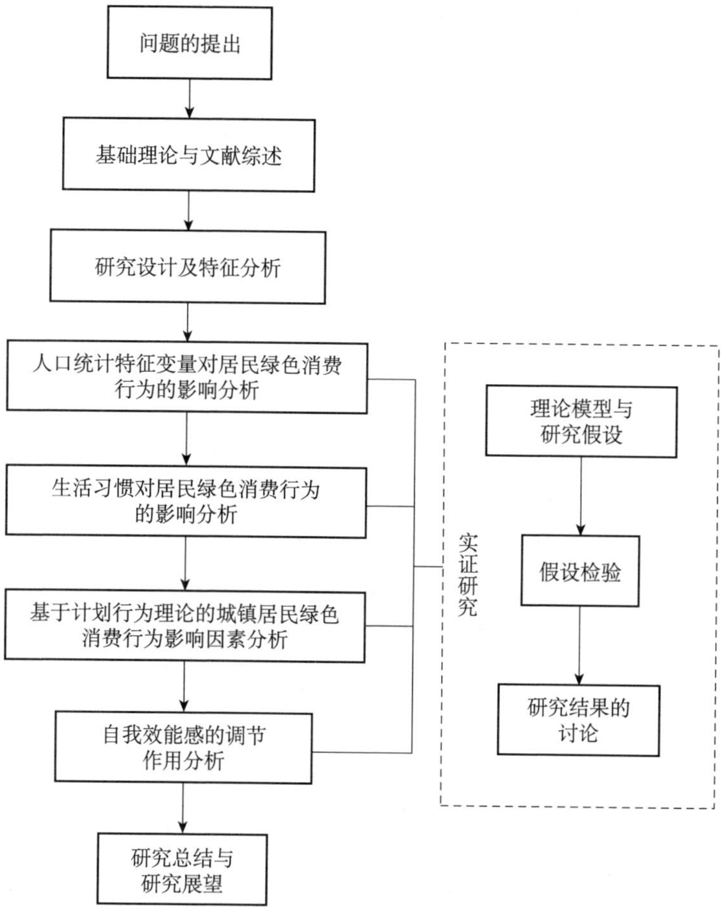

图 1－2　技术路线

资料来源：笔者绘制。

（2）构建主体问卷，进行预测试。经上述研究得出初始量表后，设计调查问卷。项目组在武汉市附近随机选择了 56 位有过绿色消费行为或有绿色消费意愿的消费者，并对他们进行预测试，剔除了部分无关及系数低的测度项，形成了更为高效的主体问卷。

（3）实地调研。①调查对象：武汉市等湖北省主要城市各商场的绿色消费者。②调查方法：问卷星、现场调查、网络调查等，并对部分调查者进行后续跟踪调查。③抽样方法与样本量：一是从相关学校随机选择 100 位教职员工。二是安排学生利用节假日时间回到生源所在地城市进行走访调研，因为普通本科生对问卷调查的方式不熟悉，因此，在调研之前向他们提出了一些要求：问卷尽可能发放给愿意配合填写的人；选择受访对象后，要实地发放，现场回收，保证回收率，每一个受访对象只能发放 1 份问卷。用这种方式获得了 100 份样本。三是随机选择了一些企业，对企业员工进行调研，这种方式共获得了 100 份样本。四是随机选择一些政府机关的工作人员进行调研，这种方式共获得了 100 份样本。五是在问卷星网站上发放调查问卷，最终获得了 200 份样本。在调查前，均向相关调查人员讲解了调查注意事项。在正式调查时，最终形成了 36 个问题的调查问卷，收集约 600 个调查样本。

（4）数据分析与假设检验。在回收的 600 份调查样本中，项目组删除了在变量测量题项中存在个别缺失值的问卷，而对于不会显著影响最终统计结果的问卷，项目组均予以保留，未做特殊处理，最终得到了 488 份有效问卷。在得到有效问卷后，项目组对数据进行了整理和线性回归，对研究假设分别进行了验证，具体见各章小结。

值得一提的是，为解决可能出现的多重共线性引起的混淆交互效用和主效用等问题，本书采用了残差中心化（residual centering）等技术（Lance，1988）。

1.3.3 研究内容及本书研究结构

围绕前文中提到的研究目标、研究思路以及研究方法，本书主要从以下三个方面进行了研究。

（1）文献梳理。绿色消费，是一种以适度节制消费，避免或减少对环境的破坏，崇尚自然和保护生态等为特征的新型消费行为。在对关于绿色消费的中外文文献研究成果进行梳理的过程中，我们发现当前中文文献对于区域性城镇居民绿色消费行为影响研究的成果仍较为缺乏，尤其是对于绿色消费行为的内涵和构念方面的研究。因此，本书结合中外文文献的相关研究经验，根据城镇居民的实际消费情况，提出了湖北省城镇居民绿色消费行为及其影响因素的内涵和构念。

（2）城镇居民绿色消费行为的特征及差异性研究。改革开放 40 多年来，中国居民尤其是城镇居民的消费能力也得到了提升，其对于像粮食这类的生活必需品的直接消费量持续减少（王恩胡等，2007），而奢侈品、非生活必需品的消费持续增长，同时，更关注与自然的和谐共生和自我价值的实现，绿色消费的概念、行为应运而生。

本书参考了已有的关于城镇居民绿色消费行为及其特征方面的研究，采用微观调研数据研究了湖北省城镇居民绿色消费行为的变化，并运用描述性统计分析等定量方法，确定了当前湖北省城镇居民绿色消费行为的特征及地域差异。

（3）城镇居民绿色消费行为影响因素及机制研究。在对已有的关于城镇居民消费行为影响因素的研究进行梳理后，我们发现，近几年相关研究处于"井喷"状态。比如，扎诺利等（Zanoli et al.，2012）认为，社会舆论及媒体宣传是影响居民消费的一个重要因素。斯特恩（Stern，2000）考虑了经济水平、社会地位、行为知识与行为技能对居民消费行为的影响。钟甫宁（2012）、赵瑾（2014）等则将人口结构、职业结构、社会风气、重要人物等都纳入研究范围。也有文献研究居民绿色消费行为的影响因素，比如，阿耶兹（Ajzen，2007）借助于 TPB 模型，对能够影响消费者进行绿色消费的因素进行了分析，并对各个因素产生的影响程度进行了量化研究。

综上所述，中文文献对居民绿色消费行为影响因素的研究已经初见成效，但对区域性（如湖北省）城镇居民绿色消费行为影响因素及其影响机制的研究还较少。因此，本书从传统消费行为理论出发，结合湖北省城镇居民绿色消费行为的实际情况，采用文献分析、深度访谈数据分析、线性回归等研究方法，构建了一套完整的湖北省城镇居民绿色消费行为的影响因素模型。并在此基础上，对湖北省城镇居民绿色消费行为的特征及影响因素进行探讨，运用实证研究方法对理论模型和研究假设进行验证。

基于以上研究内容，本书共分为 8 章，每章内容如下。

第 1 章，导论。本章主要介绍了城镇居民绿色消费的研究背景，结合中外文文献相关研究成果及不足，有针对性地进行了完善和解释说明，提出研究问题。随后，介绍了研究目标和对城镇居民绿色消费行为研究的意义，初步介绍了本书的研究思路、研究方法以及研究内容架构，最后，结合研究结论说明本书可能的创新点及不足。

第 2 章，基础理论与文献综述。本章对已有文献进行了梳理和总结，主要包括对经济学和其他学科的消费理论进行介绍，以及对中外文文献对于消费行为特征、影响因素、城镇居民绿色消费行为的理论成果进行整理，为本书奠定了坚实的理论基础。

第 3 章，湖北省城镇居民绿色消费行为的特征分析。与前两章不同，从本章开始本书开始了实质性的数据分析和分析讨论。本章先是进行了问卷设计和小样本预测试，并在剔除相关性较弱的变量后制定量表，随后，对调研对象采用实地调查、网络调查等方式进行问卷调查，最后，再对调研对象的基本情况进行统计分析，得出结论。

第 4 章，湖北省城镇居民人口统计特征变量对绿色消费行为的影响分析。本章先对人口统计特征变量对绿色消费行为影响的已有成果进行了梳理，在此基础上，提出了性别、年龄、收入等人口统计特征影响绿色消费行为的理论模型与研究假设，并结合问卷调查得到的数据进行回归分析，最终验证假设。

第 5 章，生活习惯对湖北省城镇居民绿色消费行为的影响分析。本章主要参考了关于生活习惯对消费行为影响的已有中外文文献，在此基础上，本书提出了湖北省城镇居民生活习惯影响绿色消费行为的理论模型与研究假设，并结合问卷调查得到的数据进行回归分析，最终验证假设。

第 6 章，基于计划行为理论的湖北省城镇居民绿色消费行为影响因素分析。本章在查阅已有研究成果后发现，除了上文中提到的人口特征统计变量、居民生活习惯外，还存在其他影响城镇居民绿色消费行为的因素。基于此，本章提出了相应假设，引入居民行为态度、知觉行为等因素变量，构建相关理论模型，并结合问卷调查得到的数据进行回归分析，最终验证假设。

第 7 章，自我效能感在湖北省城镇居民绿色消费意愿与消费行为的关系上的调节作用分析。传统观念认为，个体的消费意愿会直接导致其发生消费行为，但实践表明，以上联结并不是所有时候都成立，其间可能存在中介变量，如自我效能感。基于此，本章引入了中介变量自我效能感，并提出了自我效能感会对城镇居民绿色意愿与绿色消费行为的关系产生调节作用这一假设，结合问卷调查得到的数据进行回归分析，对调节效应模型与假设进行了验证。

第 8 章，研究总结与研究展望。本章是对前文的总结，主要介绍了本书所研究的各个影响因素的相关性，对各个研究假设结论进行了说明，同时，对本书研究的局限性进行了说明，也对未来城镇居民绿色消费行为的研究进行了展望。

1.4 可能的创新与不足

1.4.1 可能的创新

关于居民绿色消费行为的研究较少，相关的研究成果主要集中在宏观政策对绿色消费行为的影响，居民收入、人群特征与绿色消费行为的关系等方面，或是直接对相关外文文献研究成果和成功经验加以分析，而关于区域性城镇居民绿色消费行为的影响因素和影响机制的研究较少。因此，本书的研究成果，是对绿色消费行为领域研究成果的补充与扩展，有利于扩展目前居民绿色消费理论。

本书可能的创新之处有如下四点。

(1) 已有的对于居民绿色消费的研究，主要来源于以美国、英国为首的发达国家，相关学者分析了多种居民绿色消费行为的重要影响因素，并进行后续干预性研究。例如，通过广泛宣扬绿色消费、出台鼓励绿色消费政策等方式培养消费者的绿色消费理念，借此提高绿色消费行为。而中文文献则主要集中在宏观政策对绿色消费行为的影响，居民收入、人群特征与绿色消费行为的关系等方面，对影响居民绿色消费行为的因素研究较少，更缺乏对区域化城镇居民实施绿色消费行为影响因素的探讨。在此基础上，本书通过对中外文相关文献的分析和补充，构建了多个变量并逐一分析其对城镇居民绿色消费行为的影响。

(2) 在绿色消费研究领域，目前，中文文献的分析体系和量表构建尚不够成熟。在相关外文文献中，邓拉普（Dunlap）开发的新环境范式

（new environmental paradigm，NEP）量表，[①] 马龙尼和沃德（Maloney and Ward，1973）开发的生态态度量表，[②] 得到了较为广泛的应用。而在中国，却没有被广为接受的、成熟的量表，使得相关领域的研究较为零散，缺乏可比性。本书通过构建量表和分析体系，并通过加权计算的方法进行实证研究，力求得到更有说服力的结果。

（3）当前大多数相关研究都将人口统计特征变量作为居民绿色消费行为的前因变量。本书结合相关外文文献研究成果，基于计划行为理论，引入居民行为态度、知觉行为等因素变量和中介变量、自我效能感。这些因素的引入和提出的研究假设，会进一步丰富居民绿色消费行为方面的理论研究和应用范围，也从其他角度验证了计划行为理论在城镇居民绿色消费领域的适用性，为政府在引导居民绿色消费行为政策方面提供参考意见。

（4）补充了相关中文文献应用理论模型进行的关于城镇居民绿色消费行为的研究。许多外文文献将计划行为理论引入绿色消费行为领域并进行了大量研究，但由于文化差异和经济发展水平差异，外文文献的研究成果在中国不能得到完全推广。因此，本书结合中国本土实际情况，有必要对已有研究结论进行重新梳理和重新归纳，主要对湖北省城镇居民绿色消费行为进行研究分析，研究结论也可能会为后来的学者提供研究线索。

1.4.2 研究不足

从研究过程角度来看，本书存在的不足主要包括两方面。

（1）变量的选取。目前，对于绿色消费行为的中文文献研究主要选择了借鉴相关外文文献的理论研究成果，但由于文化差异和社会发展程度的不同，外文文献的相关成果并不能直接用于我国，而需要对其进行调整。在此基础上，本书结合湖北省城镇居民绿色消费行为的特点和地域文化差异，在相关中外文文献中成熟的测量量表基础上进行了调整、改进，加入了中介变量并对其进行考量。我们相信这些因素的引入会进一步丰富居民

---

① Dunlap R. E.，K. D. Van Liere，A Proposed Measuring Instrument and Preliminary Results：The New Environmental Paradigm［M］. Journal of Environmental Education，1978（9）.

② Malonev M. P.，Ward et al. A revised scale for the measurement of ecological attitudes and knowledge［J］. American psychologist，1975，30（7）：787 – 790.

绿色消费行为方面的理论研究和应用范围，但同时我们也深刻认识到，本书变量的选取仍有一定的主观性，部分变量的效度可能较低。

（2）调查对象的选取和问卷回收。鉴于本书主要面向湖北省城镇居民绿色消费行为进行研究，为了数据收集的便利性，项目组主要选择了武汉市、襄阳市、随州市等各地商场有绿色消费经验的群体进行调查，调查范围有限，很难完整地展现出湖北省城镇居民的绿色消费行为特征。在问卷回收方面，项目组对于收集到的数据进行了筛选，尽可能地保证问卷数据的真实性，给调研对象及相关单位人员一定的物质奖励，以调动其积极性。但考虑到调查问卷中存在一定的专业问题且题量较大，可能会影响收集数据的真实性，最终影响结论。

第2章

基础理论与文献综述

2.1 基础理论

消费行为方面的研究自20世纪30年代出现以来，始终是经济学的主要研究内容，大量经济学学者都从不同角度对消费行为进行了深入、细致的研究，同时，心理学、社会学、管理学等学科的学者也进行了大量消费行为方面的研究，这些学科的研究成果奠定了消费行为理论研究与实践的基础。本章分别从经济学科和其他学科两方面介绍经典消费行为理论。经济学方面比较经典的消费行为理论包括：约翰·梅纳德·凯恩斯（John Maynard Keynes）提出的绝对收入理论（absolute income theory）、詹姆斯·斯坦铂·杜森贝里（James Stemble Duesenberry）提出的相对收入理论（relative income theory）、米尔顿·弗里德曼（Milton Friedman）提出的持久收入理论（permanent income theory）、弗朗科·莫迪利安尼（Franco Modigliani）提出的生命周期理论（life cycle theory）、罗伯特·E. 霍尔（Robert E. Hall）提出的随机游走消费理论（random walk theory）、预防性储蓄消费理论（precautionary saving theory）以及流动性约束消费理论（liquidity constraint theory）。心理学、管理学等学科的经典消费理论包括：霍华德—谢思（Howard-Sheth）消费行为模型、恩格尔（Engel）消费行为模型、所罗门（Solomon）的消费行为轮盘模型、阿塞尔（Assael）的消费行为反馈模型、尼克西亚（Nicasia）消费行为模型、米塔尔（Mittal）的消费者角色分类与行为模型、彼得（Peter）的消费行为轮状模型。这些经典的消费理论，分别从宏观、微观两方面解释了人们的消费行为，也为后来对消费行为的研究奠定了坚实的基础。因此，这些理论成为本书研究的基础理论，是本书研究的出发点。

2.1.1　经济学的消费理论

（1）绝对收入消费理论。英国经济学家约翰·梅纳德·凯恩斯（John Maynard Keynes）在 1936 年出版了《就业、利息和货币通论》（*The General Theory of Employment, Interest and Money*）一书，在书中首次提出了绝对收入理论。约翰·梅纳德·凯恩斯的绝对收入理论说明了收入与居民消费之间的关系。其主要内容包括，一是约翰·梅纳德·凯恩斯构建了居民消费支出关于其所有收入的函数。在一般情况下，宏观经济学中总需求函数关于消费的部分，其最重要的变量就是居民稳定的总收入（这一总收入以居民的所有工资收入来计算）。二是约翰·梅纳德·凯恩斯认为，如果居民的收入增加，其消费支出也会随之增加，但居民的收入增加幅度一般会大于其消费支出的增加幅度，且居民每增加或减少 1 元收入所导致其消费支出的变化率是一个小于 1 的正数。三是约翰·梅纳德·凯恩斯详细论证并解释了居民边际消费倾向递减规律，认为居民边际消费倾向递减规律是指，随着居民消费支出在收入中所占的比例会随着收入的增加而逐渐下降，即边际消费倾向递减。约翰·梅纳德·凯恩斯也指出，之所以会存在边际消费倾向递减规律，是因为人们的心理因素在起作用。四是约翰·梅纳德·凯恩斯认为，平均消费倾向大于边际消费倾向，这主要是因为随着居民边际消费倾向的递减，居民的平均消费倾向会变得越来越小，从而导致平均消费倾向减小的幅度小于边际消费倾向。五是约翰·梅纳德·凯恩斯指出，绝对收入理论的收入是指，当期的实际绝对收入。当期收入是指，居民现在的收入，不包括过去的收入和未来预期的收入；实际收入是指，按居民当期实际购买能力计算的收入，不是指按货币量计算的名义收入；绝对收入是指，不考虑利率、通货膨胀等因素的绝对水平的收入。约翰·梅纳德·凯恩斯在其理论中对收入的界定，是约翰·梅纳德·凯恩斯的绝对收入理论与其他居民消费行为理论的重要差别。从以上绝对收入理论的内容可知，居民消费支出受其绝对收入水平的影响，且边际消费倾向递减规律是绝对收入理论的中心内容。

约翰·梅纳德·凯恩斯的绝对收入理论在从逻辑上描述了居民消费绝对收入与其支出关系的基础上，构建了绝对收入消费函数：$C = \alpha + \beta S_t$，式中，α 为居民的当期消费支出，为必要的消费支出，即维持人们生存所必要的基本生活支出，β 是约翰·梅纳德·凯恩斯提出的边际消费倾向，S_t为当期收入，绝对收入假设消费函数的基本内涵是，居民的必要消费支出总和引致消费支出的总和构成了居民的全部消费。从函数式中可以看出，必要的消费支出是不变的，而居民总的消费支出受到当期收入和边际消费倾向的影响，也就是说，居民收入的增长会导致居民消费的增长，而在绝对收入函数中。边际消费倾向 β 的值是一个正数，且小于 1，因此，收入的增长会大于消费的增长。

约翰·梅纳德·凯恩斯的绝对收入理论对经济学中关于居民消费行为的理论做出了较大贡献，但是，随着其他学者开始关注居民消费行为方面的研究，该理论的缺陷逐渐显现。其主要的缺陷是，绝对收入理论以主观分析居民的心理为基础，在很大程度上是凯恩斯的一种主观推断，没有坚实的微观基础做支撑。这也决定了凯恩斯的绝对收入理论自提出以来只可能是消费行为理论的过渡理论。绝对收入理论提出之后的经济发展实践表明，约翰·梅纳德·凯恩斯认为的边际消费递减规律根本不存在，而且实际的经济数据也表明，平均消费倾向与边际消费倾向在数值上是基本相等的。这也导致许多经济学家不断地探索居民消费行为的决定性因素。

（2）相对收入消费理论。美国经济学家詹姆斯·斯坦铂·杜森贝里（James Stemble Duesenberry）于 1949 年出版了《收入、储蓄和消费者行为理论》（*The Theory of Income, Saving and Consumer behavior*）一书，书中第一次详细说明了相对收入理论。与此同时，另一位经济学家莫迪利安尼也发表了《储蓄——收入比率的波动：经济预测问题》（*The Volatility of Savings-Income Ratio*）一文，文中也提出了与杜森贝里类似的观点。这一理论提出后受到了学者的关注，迅速成为早期研究居民消费行为的重要理论。

相对收入理论间接说明消费对于经济周期稳定的作用。其具体内容主要有，莫迪利安尼和詹姆斯·斯坦铂·杜森贝里认为，在收入稳定增长时期，收入并不能决定总储蓄率，收入的增长率、预期收入、利率、人口年龄分布、收入分配等各种因素的变动，直接影响总储蓄率；从短期来看，当期收入与最高收入的比率影响储蓄率，且约翰·梅纳德·凯恩斯提出的边际消费倾向也受到这一比率的影响，这也解释了为什么从短期来看居民的消费会上下波动。杜森贝里和莫迪利安尼还进一步指出，由于居民消费存在棘轮效应，消费的减少并不取决于收入的减少，而消费的增长会随着收入的增长而增长。概括来说，相对收入理论的核心是，居民的消费取决于其过去的消费习惯以及周围其他人的消费水平，所以消费是相对的。杜森贝里在提出相对收入理论的同时，还明确指出居民的消费存在棘轮效应和示范效应。棘轮效应是指，除当期绝对收入影响居民消费外，其消费更多地取决于他过去的消费水平。当居民的绝对收入减少时，居民宁可减少储蓄，也不会轻易改变其过去的消费习惯，从而降低消费水平；示范效应是指，居民的消费水平还会受到与其相同收入水平居民的影响，也就是说，居民会模仿甚至攀比别人的消费行为。

杜森贝里提出的相对收入理论是对约翰·梅纳德·凯恩斯提出的绝对收入理论的补充和完善，主要是因为：一是约翰·梅纳德·凯恩斯的绝对收入理论认为，其他人的消费行为不影响个人的消费行为，但杜森贝里从消费行为选择的过程角度入手，深入研究了影响居民消费行为的因素，研究结果表明，周围其他居民的消费行为会显著影响居民个人的消费行为；二是约翰·梅纳德·凯恩斯在绝对收入理论中说明了当个人的收入下降时，个人的消费水平也会随之下降，但杜森贝里认为消费具有不可逆性，即在短期内，当个人收入水平下降时，个人的消费水平并不会绝对减少，而是可能改变储蓄以维持过去的消费习惯和消费水平。

（3）持久收入消费理论。1956 年，美国著名经济学家米尔顿·弗里德曼（Milton Friedman）提出了持久收入理论。该理论的核心是，居民的消费不受居民当期实际绝对收入的影响，也与当期收入和以前最高收入没有任何关系，居民的消费主要受到居民长期持久性收入的影响。

米尔顿·弗里德曼的持久收入理论，将居民的收入划分为暂时性收入和持久性收入。暂时性收入是指，居民在短期内能获得的收入，具有暂时性和偶然性，暂时性收入可能是负的，比如，发生了自然灾害等从而造成居民的损失；也可能是正的，比如，居民因为工作出色而获得的奖金。弗里德曼认为，人们的消费主要受到其持久性收入的影响。持久性收入是指，居民在较长时间内可以持续获得的收入，是居民可以预期的长期平均收入，一般使用居民前几年的平均收入来衡量。

米尔顿·弗里德曼的持久收入理论和中间收入理论认为，持久性收入决定了居民的消费，如果居民有稳定的持久收入，那么，他们也会稳定地消费。这就是说，收入决定消费，所有收入的变化并不会导致消费者做出完全相同的反应。如果居民的收入变动被其预期是永久性的，比如，找到了一个有更高、更可靠收入的岗位，居民就可能会把增加的大部分收入拿出来消费。而如果居民的收入变动是一种临时性或暂时性的，比如，年终时因工作出色获得的一次性奖励，那么，居民可能会将所增加收入的相当大一部分储蓄起来，不会用于消费。更进一步的，米尔顿·弗里德曼对持久性收入和暂时性收入进行了详细解释，认为居民的持久收入应该是居民可以长期且能有规律获得的收入，这里所说的长期一般是指 3 年以上。比如，居民的固定工资收入就属于持久收入。暂时性收入是居民在某一时点获得的、具有非连续性的、预期之外的收入。所有的居民都希望他们的消费是较少变化的，因此，他们主要根据预期的持久收入来做出消费决策，而不是以暂时性收入为标准来做出消费决策。米尔顿·弗里德曼的持久收入理论说明，从长期来看，消费函数的稳定性，与对长期消费统计资料进行分析后得出的结论是一致的。

米尔顿·弗里德曼提出的持久收入理论代表了其对经济发展的看法，即看重货币的作用，坚持自由经济。一方面，米尔顿·弗里德曼一直都反对约翰·梅纳德·凯恩斯提出的政府干预经济发展的思想。他认为，社会经济要想不断发展，最重要的就是要重视市场机制的作用。市场机制可以使社会充分就业，虽然市场机制有时会出现失灵，但这只是因为某些要素（比如价格，工资等）的调整不可能一蹴而就，因此，市场机制必须要经过一段较长的时间来调整价格、工资等某些要素，整个社会才能达到充分就业。而如果政府采取措施过多地干预经济运行，市场机制的作用就会被破坏，经济发展就会被阻碍，更有甚者可能会造成社会经济的动荡。另一方面，米尔顿·弗里德曼还质疑约翰·梅纳德·凯恩斯提出的财政政策。他指出，如果一国的货币供给量没有发生变化，政府只要增加财政支出，利率就会上升，进而导致私人投资、私人消费的缩减，最终会出现挤出效应，从而抵消了政府财政支出给社会经济带来的积极正面的影响，因此，米尔顿·弗里德曼始终认为，政府应采取货币政策来影响经济发展。

（4）生命周期消费理论。美国经济学家弗朗科·莫迪利安尼（Franco Modigliani）于 20 世纪 50 年代提出了生命周期消费理论。生命周期消费理论是对经济学中关于消费的理论的进一步研究。弗朗科·莫迪利安尼认为，居民在年轻时通过参加工作获得收入并进行消费，而退休之后，就进入纯消费而不能获得收入的阶段，最终，居民只能用工作时的储蓄来支撑退休后的消费。这样一来，居民的年龄直接影响其个人的可支配收入以及边际消费倾向。弗朗科·莫迪利安尼的生命周期理论表明，当一个居民的收入高（低）于其一生平均收入时，其储蓄就会高（低）的，更进一步指出，人口的年龄分布情况和经济增长率决定了社会的总储蓄。比如，一个社会中如果青年人与老年人所占的比例较大，那么，社会就有较高的消费倾向，较低的储蓄倾向；一个社会中如果中年人所占的比例较大，则社会有较高的储蓄倾向，较低的消费倾向。

举个例子说明弗朗科·莫迪利安尼的生命周期消费理论，假设一个居民开始工作的年龄是 20 岁，工作 40 年后，到 60 岁退休，这个居民的预期寿命为 80 岁。很显然，这个居民的工作时间为 $WT = 60 - 20 = 40$（年），消费时间为 $CT = 80 - 20 = 60$（年）（居民工作前的 20 年因为受父母抚养，所以消费时间中不包括前 20 年）。如果这个居民每年的收入为 $WS = 60000$ 元，则其一生的收入为 $LS = 60000 \times 40 = 2400000$（元）。一般来说，人们都追求一生安稳的生活，因此，人们会有计划的安排在 60 年消费时间中的消费，即会均匀地消费终生收入 2400000 元，则每年的消费额为：

$$C = 2400000/60 = 40000 = (WT/CT) \times WS = 40/60 \times 60000 = 2/3 \times 60000\text{（元）}$$

以上分析结果表明，该居民在其消费时间（60 年）内每年消费年工作收入 WS（60000 元）的 2/3，这一比例正好是居民工作时间 WT（40 年）占其消费时间 CT（60 年）的比率；而该居民每年工作收入 WS 的1/3 储蓄起来，其每年的储蓄额为 $PS = 1/3WS = 1/3 \times 60\,000 = 20000$（元），则该居民退休时的储蓄额达到 $20000 \times 40 = 800000$（元），这 800000 元的储蓄用于该居民退休后 20 年的消费，按照该居民工作时间内每年消费

40000 元来计算，储蓄的 800000 元可以使用 20 年，正好在其 80 岁的时候消费完。这一例子充分说明，居民的消费主要受到其预期寿命的影响，这就是生命周期理论的主要内容。

弗朗科 · 莫迪利安尼的生命周期消费理论是在提出了一些假定的前提下推演出来的，这些假定包括工作前 20 年不计算在消费时间内、储蓄没有利息、年工作收入没有增减、没有给后代留遗产、一生中不会碰到大的社会变动，等等。当然，在放开这些限制条件后，生命周期消费理论的结论也可以成立。

弗朗科 · 莫迪利安尼的生命周期消费理论除了分析生命周期与消费和储蓄的关系外，也研究了影响消费与储蓄的其他一些因素。比如，弗朗科 · 莫迪利安尼认为，一个社会的遗产税率如果较高，人们会减少预留给后代的遗产，从而增加其消费；反之，则会增加储蓄、减少消费。再比如，弗朗科 · 莫迪利安尼认为，社会保障体系如果比较健全，人们也会减少储蓄，增加消费。

弗朗科 · 莫迪利安尼的生命周期消费理论是在约翰 · 梅纳德 · 凯恩斯消费理论的基础上提出的，因此，二者有一定的相同之处，但也有很大差别。二者最大的差别就在于，约翰 · 梅纳德 · 凯恩斯的绝对收入理论认为，居民一定时间的收入影响该时期的消费，是一种短期分析。而弗朗科 · 莫迪利安尼的生命周期消费理论则认为，人们的消费受到其一生收入的影响，人们通过分析其一生的收入，进而均匀地安排自己的消费计划，以使其整个生命周期得到最大满足。但要注意的是，生命周期消费理论也有较大缺陷，即人们很难均匀地安排其一生的消费计划。

（5）随机游走消费理论。自约翰 · 梅纳德 · 凯恩斯提出绝对收入理论以来，大量学者都对消费与收入的关系进行了详细论述，消费与收入的关系模型以及相关的实证研究也大量涌现。因此，这些学者的研究结论成为宏观经济学中的核心内容，在凯恩斯的绝对收入理论提出之后，有两个消费理论长期占据主导地位，即米尔顿 · 弗里德曼的持久收入理论和弗朗科 · 莫迪利安尼的生命周期消费理论。但也有学者尝试对这两个消费理论进行进一步研究，从而提出了许多较新的消费理论，罗伯特 · E. 霍尔（Robert E. Hall）提出的随机游走理论（random-walk hypothesis）就是其中比较有代表性的理论。

罗伯特 · E. 霍尔的随机游走理论是在质疑持久收入理论和生命周期

理论的基础上发展而来的。罗伯特·E. 霍尔认为，弗里德曼的持久收入理论中持久性收入很难估算，而弗朗科·莫迪利安尼的生命周期理论中的财富市场价格，也很难获得实际性的数据。针对这两个理论的缺陷，罗伯特·E. 霍尔提出了自己的办法，即通过模拟新信息来确定消费的变化经验。罗伯特·E. 霍尔认为，如果居民都是理性地估计财富或永久性收入以及未来消费，那么，居民现期的消费变化不会受到其过去消费或收入变化反映出来的过时信息的影响。他认为，如果居民对其持久收入的最佳估计是把实际消费的现值以一种无偏的方式纳入，那么，居民就是理性预期其持久收入的。换句话说，如果没有新信息出现，居民消费的增加或减少将按一定的速度稳定地进行。因此，在某一段时期或之前某段时期，居民不会知道任何新信息，也应该有一个预测变量表示由于新信息的出现导致消费变化率偏离常量均值的幅度。罗伯特·E. 霍尔的这一研究结论后来被称为消费的随机游走，而其所提的消费函数理论也被称作随机游走理论。

罗伯特·E. 霍尔的随机游走理论进一步拓展了消费理论的内涵和外延。因为在罗伯特·E. 霍尔的随机游走理论提出之前，大部分消费理论都是研究收入和消费之间的关系，而罗伯特·E. 霍尔的随机游走理论从表面上看却没有考虑居民的任何收入对消费的影响。但这并不表明罗伯特·E. 霍尔的随机游走理论否认消费与经常性收入的关系，这是因为只要经常性收入包含了新信息（比如，收入的未来价值或其自身的价值），收入就能反映在随机项上。

（6）预防性储蓄消费理论。菲利普·A. 费雪（Philip A. Fisher）和米尔顿·弗里德曼是最早研究预防性储蓄理论的经济学家，之后，越来越多的学者开始关注这一理论。20 世纪 80 年代末 90 年代初，在众多经济学家的研究下，预防性储蓄理论得到了极大发展。

预防性储蓄是指，厌恶风险的居民为了预防未来工作和生活出现大的变化从而导致其消费水平的降低而预先进行的储蓄。弗朗科·莫迪利安尼的生命周期消费理论表明，居民之所以会将一部分收入储蓄起来，是因为他们要维持退休后的生活。但也有一些学者研究表明，居民之所以会储蓄，是因为他们还有其他目的。比如，留遗产给子女。也有很多研究数据表明，居民也会为了预防未来可能出现的收入下降而进行储蓄，即有远见的居民会在收入高的时候增加储蓄，以维持其收入较低时的消费。

预防性储蓄理论认为，当居民对未来收入不确定性预期越大时，他们的消费就越不可能按照随机游走进行，这时，居民消费更多的是依据当期收入进行。同时，居民未来面临的风险越大，就越会进行更多的预防性储蓄。因为如果居民觉得在不久的将来会面临较大的工作风险或生活风险，那么，居民就会觉得将收入留到未来消费可以给其带来较大的效用，因此，居民就会将现在的收入储蓄起来（预防性储蓄），等到未来，居民自身不会面临较大风险时再进行消费。换句话说，居民面临不确定性时，如果他的收入下降，则其会增加预防性储蓄，从而降低其当期消费支出；相反，如果他的收入增加，则其会减少预防性储蓄，从而会增加其当期消费支出。也就是说，在不确定性情况下，当期收入和当期消费之间有正相关关系，且不确定性增加，当期收入与当期消费之间的关系也会增强。因此，预防性储蓄理论认为，消费具有敏感性，凯恩斯绝对收入理论也有类似的结论。

（7）流动性约束消费理论。流动性约束最早是由弗莱明（Flavin，1981）以及托宾（Tobin，1968）提出来的，自弗莱明和托宾提出流动性约束问题后，大批学者开始关注这一问题，并采用了很多种不同的研究方法对流动性约束的影响因素及其影响程度和影响效果等问题进行了深入研究。主要代表性文献有迪顿（Deaton，1991）、泽尔德斯（Zeldes，1989）。

流动性约束，又被称为信贷约束，是指人们为了满足消费从金融机构或非金融机构、个人处取得贷款时所受到的限制。流动性约束理论认为，居民的当期消费对可预测收入变化的敏感性会因流动性约束而增强。当居民面临的消费信贷利率较高而当期收入较少时，他可能会选择放弃消费信贷以平滑消费。在消费信贷不存在的情况下，他就只能根据其现有收入进行低消费。正因为存在流动性约束，从而使得当期消费受当期收入影响的程度大于持久收入理论或生命周期消费理论的预言。

通过以上分析可以看出，流动性约束理论的一些主要结论：第一，没有流动性约束时，居民的消费通常会高于存在流动性约束时居民的消费。在一般情况下，当期收入正向影响流动性约束下的消费，这就是凯恩斯所提出的消费过度敏感性的一个重要原因；正是因为未来的收入对当期消费作用有限，这就为消费平滑性提供了一种解释。第二，即使居民现在认为不会存在流动性约束，但是如果他觉得未来可能会出现流动性约束，那么现在他也不会进行更多消费。因此，如果存在流动性约束，居民就会增加储蓄，以维持未来收入下降时的消费水平。一个合理的推论是，当一个国家的居民面临较强的流动性约束时，该国的储蓄率较高。贾泊利（Jappelli，1994）、帕格诺（Pagano，1994）分别对这一推论进行了检验，研究结论表明，消费贷款比率负向影响一国储蓄率。也就是说，消费者的储蓄行为受到流动性约束的影响。第三，如果居民在某一时期面临流动性约束，则在这一时期以后的居民消费都会受到影响。

更进一步地，流动性约束理论认为，存在流动性约束时，如果收入较低，居民就会产生短视行为。具体来说，当居民有较低的绝对收入且存在流动性约束时，居民就只会以其已有的流动性资产（如储蓄存款）与当期的收入来安排消费行为。他们先会进行积累，以此来实现最基本的消费目标，然后再进行积累，慢慢实现一个个预定目标。这就是流动性约束下收入低的居民的短视行为。而从长期来看，有典型“短视行为”的居民消费行为具有很多触发点。居民会先节约消费，然后，积累个人财富，接着，实现其一个个消费目标。在居民积累个人财富时期，其消费水平比没有流动性约束情况下的当期消费水平要低。在存在流动性约束的情况下，对收入低的居民而言，其收入越低，需要实现的目标支出越大，则其积累个人财富的时间就会越长。或者在一个比较短的时期内，居民就会增加当期储蓄。这一结论与凯恩斯提出的边际消费倾向递减规律恰好相反。在触发点时刻，已经积累的财富显著影响居民的消费支出，而居民消费支出受当期收入的影响相对减弱。

以上这些消费理论是经济学领域最经典的消费理论，主要是运用计量经济学的方法对居民消费的宏观面板数据进行处理，进而得出相应的结论。这些结论对指导政府制定引导居民合理消费的政策有一定的实践意义，但这些理论对指导微观企业制定合理的营销策略的实践意义不足，因此，也有很多学者研究居民个体消费行为。

2.1.2　其他学科的消费理论

经济学学者主要是从宏观角度对居民消费行为进行了详细解释，与此同时，其他学科也开始从行为个体角度研究个体消费行为，也形成了一些用于指导实践的经典消费行为理论。

（1）霍华德—谢思消费行为模型。霍华德（Howard，1963）提出了一种消费行为模式，但直到1969年，霍华德与谢思（Howard and Sheth）合作将其所提出的消费行为模式进行修正后，才正式形成了霍华德—谢思消费行为模型，模型框架，见图2－1。霍华德和谢思认为，要分析消费者的购买行为，就必须从刺激因素、外在因素、内在因素和产出因素方面加以考虑。具体来说，主要有如下四个方面。

①投入因素或刺激因素（前因变量）。由企业销售部门掌控的因素就是投入因素或刺激因素，即分析消费者行为的前因变量。它主要包括三个测量维度，分别为社会刺激维度、符号刺激维度和产品刺激维度。社会刺激维度主要指，影响消费者消费行为的社会因素，包括消费者的家庭、与消费者相关的群体以及消费者所处的社会阶层等。符号刺激维度是指，影响消费者消费行为的产品符号特征的传递过程，比如，通过人员及各种媒体将产品特征传递给消费者的过程。产品刺激维度是指，影响消费者消费行为的产品本身的特征，包括产品质量、价格、特征、可用性及服务等。

②外在因素（外生变量）。影响消费者购买决策的外部因素就是外在因素，包括文化（亚文化）、个性、财力、相关群体、社会阶层、时间压力和产品选择性等。时间压力指，在购买前对其购买行为所花时间的预期，或者指消费者预先确定的实际购买时间的多少。在一般情况下，消费者面临的时间压力越大，其购买决策过程就会越短或被显著抑制，从而消费者只能仓促做出购买决策，最终导致不理想的购买行为。

③内在因素（内生变量）。影响刺激和反应之间关系的因素，称为内在因素。这一因素是霍华德和谢思提出的消费行为模型的最基本、最重要的因素。它主要解释了投入因素和外在因素如何影响消费者在购买时的心理活动过程，进而使消费者产生购买行为。霍华德和谢思认为，消费者的需求动机和对信息反应的敏感程度影响其内心接受投入因素的程度，而消费者消费欲望的强度以及产品相关知识学习的效果，决定了其对信息反应的敏感程度。一方面，消费者一般只会去了解、认知，甚至是学习其感兴趣的产品信息，而对其不感兴趣的产品信息则表现出漠不关心的态度；另一方面，消费者的内心决策仲裁规则制约着消费者的选择偏好，这里所说的决策仲裁规则是指，消费者将其拟购买的各种产品进行排序，然后，实施购买的一种心理倾向，这种心理倾向主要取决于消费者购买动机的强度、消费需求的紧迫度、满足预期欲望的程度、消费品的必需性以及对以前消费产品的感受等。

④产出因素或反应因素（结果变量）。购买决策过程导致的购买行为是产出因素或反应因素，即消费者购买决策过程的结果变量。这一过程包括认识产出、情感产出和行为产出三个子过程。认识产出是指，消费者对产品的了解和关注。情感产出是指，消费者对产品的态度，具体来说，是指消费者对产品能否满足其动机的估计。行为产出主要是指，对消费者消费选择或消费偏好认识程度的预测以及公开的购买行为。

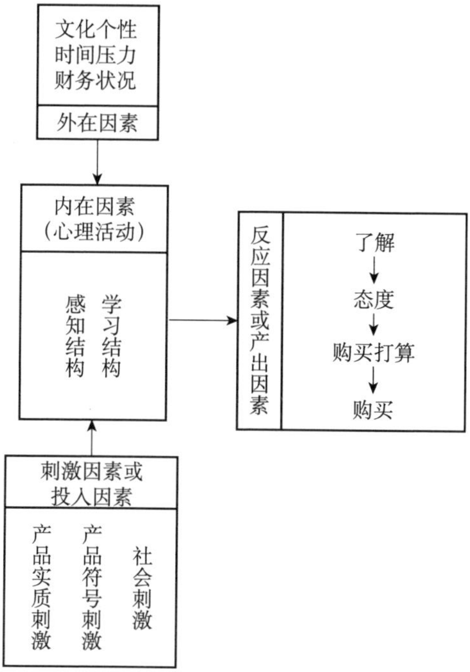

图 2-1　霍华德—谢思消费行为模型消费行为模式框架

资料来源：转引自韩华，顾巧论．消费者再制造产品购买意愿影响因素研究［J］．价值工程，2016，35（33）：10-12.

霍华德—谢思消费行为模型的内涵是消费者购买的刺激物是外在因素和投入因素，外在因素和投入因素先影响消费者的购买动机，从而唤起并形成相应的动机，进而为消费提供各种消费选择方案的信息，最后，影响消费者的心理活动过程，即影响消费行为的内在因素。消费者在受到刺激物以及已有的购买经验的影响后，就会尝试接受产品信息并将各种购买动机具体化，进而形成对可选择产品的一系列反应，并产生消费者购买决策的中介变量，包括消费选择的标准、评价的标准和消费意向等，在购买动机、消费方案以及影响消费者购买决策的中介因素的共同影响下，消费者就产生了消费态度和消费倾向。消费者的消费态度和消费倾向在其他因素（例如限制购买行为的因素）的影响下，消费者的消费行为结果就会产生。当消费者完成消费行为后，就会形成对该次消费行为的感受信息，这种感受信息会影响消费者的心理和其重复性购买行为。

（2）恩格尔消费行为模型。恩格尔（Engel）消费行为模型又被称为EBK模式，是目前关于消费行为研究中，受到关注较多且较为清晰、完整的理论。1968年，恩格尔（Engel）、克莱布威尔（Blackwell）和科特拉（Kollat）三人分别对该模型进行了修改完善，在经过实践检验后，他们于1984年对该模型进行了修正，最终形成了恩格尔消费行为模型。模型框架见图2-2。

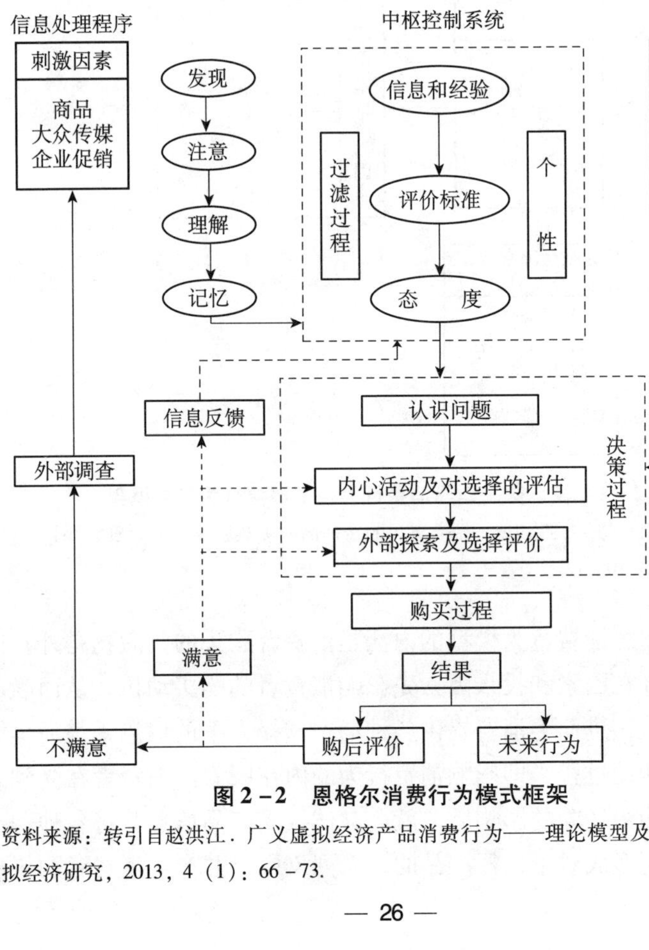

图2-2 恩格尔消费行为模式框架

资料来源：转引自赵洪江．广义虚拟经济产品消费行为——理论模型及实证分析［J］．广义虚拟经济研究，2013，4（1）：66-73.

恩格尔（Engel）认为，要分析消费者的消费行为，就必须从其消费决策过程出发。他更进一步指出，中枢控制系统在无形因素和有形因素的影响下接收外界信息。具体来说，中枢控制系统通过大脑对消费的相关信息进行引起、发现、注意、理解和记忆，在此基础上，与大脑存储的消费经验、消费评估准则、态度、性格等进行比较、加工、过滤等，进而形成信息处理程序。最后，消费者在内心对相关决策方案进行研究和评估，从而选择出最终决策方案，同时，这一过程还会受到诸如收入、文化、家庭、社会阶层等环境因素的影响，最终消费者产生消费行为，之后，消费者还会对消费的商品进行体验、评价，进而形成消费过程的满意度。这一满意度又会反馈到中枢控制系统，形成消费信息与消费经验，这些消费信息与消费经验又会对未来的购买行为产生影响。

通过以上分析可以发现，恩格尔消费行为模型主要由五个步骤构成。

一是问题认知。问题认知的产生，主要取决于消费者对其理想状况的预期和其当前实际情况的差异，当存在这种差异时，问题的认知就会产生。产生问题认知后，中枢控制系统就会开始运作，而预期目标就会转化为具体的行动。

二是搜寻信息。当消费者产生了问题认知后，他就会去搜寻问题产生原因的相关信息。信息搜集有内部搜集与外部搜集两种模式。内部搜集是指，消费者从其目前掌握的资料中或从其已有消费经验中搜集信息。当消费者发现从其现有资料和已有消费经验中搜集不到相关信息时，他就会开始进行外部信息搜集。外部搜集是指，消费者从各种社会媒体、销售人员以及亲朋好友等渠道搜集相关信息，这种外部搜集是否进行，取决于消费者对感知利益与感知成本之间的比较。

三是方案评价。当消费者收集到各种相关信息后，就会形成各种消费方案并对各种消费方案进行评估。消费者对方案进行评估的行为包括，评价准则，即消费者对拟消费产品进行评价的标准或准则，一般用商品的属性或规格来表示，评价准则的形成受其个人累积的信息、经验和个人动机的影响；信念，即消费者对某些方案的偏好，是凌驾于评价准则之上的标准；态度，即消费者在对各方案运用评价准则和信念进行评价后所产生的对各方案的有利反应或不利反应；意愿，即消费者对某一特定方案产生的主观性思维和主观意愿。

四是选择。当消费者对所有可能的方案进行评价后，就会从众多方案中选择一个他认为能解决问题的方案，并将该方案付诸行动，从而形成实际的购买行为。但要注意的是，在此阶段，仍然可能出现一些意料之外的情况。比如，计划内的消费资金因挪作他用而短缺、消费渠道的影响等，这些情况的出现可能会使最后所做的决策与当初预期不同。

五是消费结果的评价。当某产品被消费者购买并使用后，消费者对该产品的体验会出现两种情况，即，满意和不满意，这两种体验后的结果会共同存储于消费者的记忆中。一方面，如果消费者在体验了该产品后，发现其预期的需要没有得到满足，就会感到不满意，会导致消费者对产品抱怨程度的提升或者导致消费者对品牌忠诚度的降低；另一方面，如果消费者在体验了该产品后，发现其预期需要得到满足，就会感到满意，会增强消费者重复购买同一品牌产品的概率，进而提升对该品牌的忠诚度。

恩格尔消费行为模型将消费决策过程划分为五个阶段，通过对这五个阶段的分析可以清晰地了解消费者行为，但是，这五个阶段除了会受到前面所分析因素的影响外，还会受到一些其他因素的影响。比如，消费者所处的社会文化、相关参照群体、所处家庭等因素。

（3）所罗门的消费行为轮盘模型。美国圣约瑟夫大学豪布（Haub）商学院营销学教授迈克尔·R. 所罗门（Michael R. Solomon）对消费者的行为进行了研究，并出版了《消费者行为学》（*Consumer behavior*）一书，他在书中第一次构建了消费者行为轮盘模型，如图 2－3 所示。迈克尔·R. 所罗门认为，消费者行为是一个由微观到宏观、由个体到群体的过程。在此基础上，他构建了由作为个体的消费者、市场中的消费者、作为决策者的消费者、消费者与文化、消费者与亚文化五部分组成的消费者行为轮盘。其中，作为个体的消费者会面临各种环境并在这些环境中接收具体的产品信息，在此基础上，消费者通过学习、记忆与存储等对产品信息进行处理，从而消费者就会产生其对产品和自身的看法和态度。当作为决策者的消费者处于一个群体，并需要对群体的消费行为进行决策时，需要搜集信息并对信息进行分析处理，在此基础上，他做出关于群体消费行为的决策。文化与消费者，主要分析消费者所处的社会文化环境对消费者消费行为的影响是如何进行的。消费者与亚文化，主要是对消费者所处的社会阶层、家庭等文化与其消费行为的关系进行分析，包括消费者所处的社会阶层的文化价值观、生活方式等对消费行为的影响。

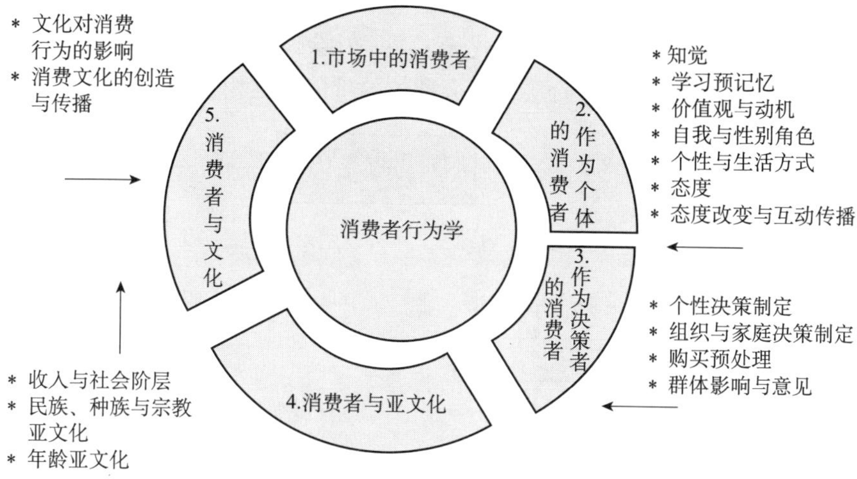

图 2－3　迈克尔 · R. 所罗门的消费行为轮盘模型框架

资料来源：迈克尔 · R. 所罗门. 消费者行为学（第 10 版）[M]. 北京：中国人民大学出版社，2014.

（4）亨利 · 阿塞尔的消费行为反馈模型。亨利 · 阿塞尔（Henry Assael）是美国纽约大学的教授，他在深入研究消费者行为的基础上，出版了《消费者行为和营销策略》（*Consumer behavior and marketing strategy*）一书。亨利 · 阿塞尔在书中对消费者做出购买决策的过程进行了详细分析与论述，并提出了亨利 · 阿塞尔消费行为反馈模型，如图 2－4 所示。亨利 · 阿塞尔在消费行为反馈模型中详细论述了消费者决策与认知因素的关系，消费者行为的经验过程，消费者决策与消费者特征的关系以及消费者行为与环境因素的关系等。亨利 · 阿塞尔的消费行为反馈模型在分析环境因素对消费行为的影响时与其他消费行为理论一致，其与其他消费行为理论的区别主要体现在他对消费者购买后体验反馈的看法上，亨利 · 阿塞尔在反馈模型中指出主要有两条反馈路径反馈消费者的购后体验，一条反馈路径是对消费者自身的反馈，另一条反馈路径是对营销策略的反馈。还有一个重要区别是，亨利 · 阿塞尔的消费行为反馈模型还对消费者的购买决策进行了划分，将消费者的购买决策划分为两种，一种购买决策是消费者参与程度较低的购买决策；另一种购买决策是消费者参与程度较高的购买决策。其中，那些对消费者有非常重要影响的购买决策是参与程度较高的购买决策，消费者的这种购买决策显著影响消费者的生活状态或工作状态，其购买的产品价格一般都较昂贵，消费者在购买这种产品后一般都会承担非常大的风险损失且该产品代表了某一社会阶层或社会群体，其价格与这种产品所代表的社会阶层或社会群体的价值标准相一致。

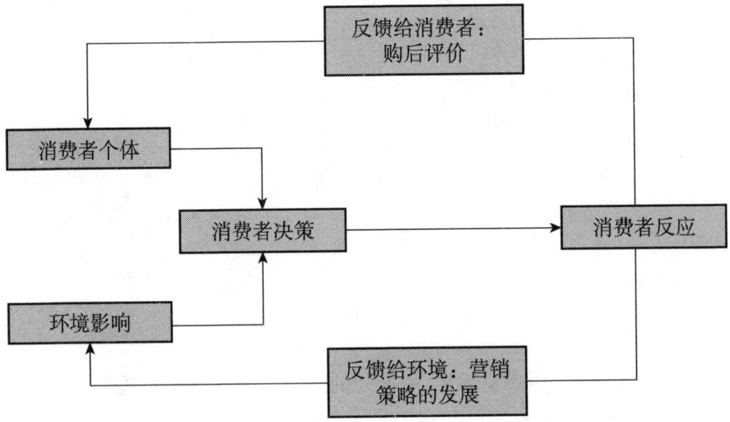

图 2－4　亨利·阿塞尔的消费者行为反馈模型框架

资料来源：［美］亨利·阿塞尔．消费者行为和营销策略［M］．北京：机械工业出版社，2000.

（5）尼克西亚消费行为模型。尼克西亚（Nicosia）于 1966 出版了《消费者决策过程》（*Consumer decision process*）一书，并在书中提出尼克西亚消费行为模型，如图 2－5 所示。尼克西亚认为，要分析消费者的消费行为就必须将其看成是一个信息处理过程，这一信息处理过程就是消费者以其特定的心理活动特点为基础，接收、加工、储存、使用和反馈商品生产者发出的各种信息的过程。这一信息处理过程主要包括如下内容：一是从信息源到消费者的态度。即商品生产者利用社会媒体等方式以信息的形式将自己企业的属性或产品的属性发送给消费者，消费者接收到生产者发出的信息后，以自己独特的性格和心理活动为基础，对相关信息进行分析处理，之后，消费者就形成了对商品或服务的态度并予以输出；二是消费者对商品或服务态度的调查和评价。消费者在形成了对某些商品或服务的态度后，就会对商品信息或服务信息进行调查和评价，在此基础上，最终形成消费者的购买动机；三是消费行为。消费者在形成购买动机后，就会在其驱使下形成购买决策，并最终导致实际的消费行为；四是消费后的信息反馈。消费者购买后，就会使用或体验该商品或服务，体验完后，就会形成消费经验或消费教训，这些消费经验或消费教训会存储在消费者的大脑中，也会反馈给企业或其他消费者。

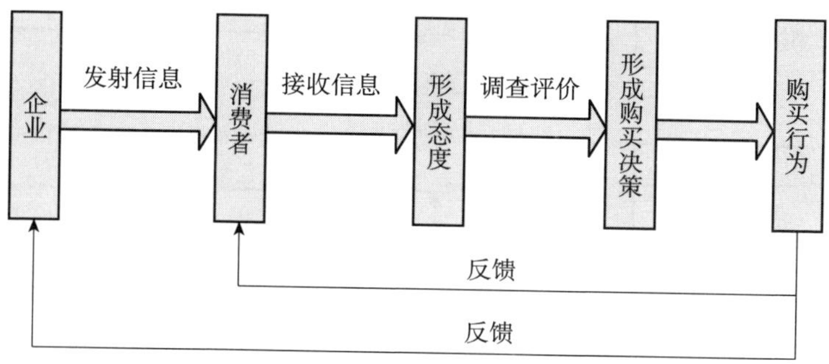

图2-5 尼克西亚消费行为模型框架

资料来源：转引自邹梦碧，陈文晶．网络购买“意向—行为”过程及影响因素研究［J］．北京邮电大学学报（社会科学版），2012，14（3）：59-64.

（6）米塔尔的消费者角色分类与行为模型。杰格迪什·N. 谢思（Jagdish N. Sheth）是艾默瑞大学格兹祖塔商学院的教授、米塔尔（Mittal）是北肯塔基大学的教授，两人都对消费者行为进行了研究，并合作出版了《消费者行为——管理视角》（*Consumer Behavior*：*A Management Perspective*）一书，在书中提出了关系购买模型和消费者品牌忠诚模型，如图2-6、图2-7所示。

在《消费者行为——管理视角》一书中，谢思和米塔尔对消费者的角色进行了分类，分别为使用者、购买者和付款者三类，这一分类可以更好地研究消费者行为。谢思和米塔尔认为，随着经济形式由传统经济时代向互联网经济时代迈进，消费者可以轻易地得到大量信息，这使得他们更加珍惜时间，更加挑剔，也使得其消费行为越来越具有个性。因此，研究消费者行为应当从一个新的视角——消费者价值角度进行。更进一步地，谢思和米塔尔指出，“所有消费者的行为都受到消费者购买并使用产品或服务时所获得价值的影响”，而消费者购买并使用商品时所获得的价值由消费者购买并使用的产品和服务解决消费者问题的能力构成，产品市场价值或服务市场价值的外显，就是上述产品或服务解决问题的能力，具备满足消费者需要和需求能力的产品和服务才能为消费者创造价值。

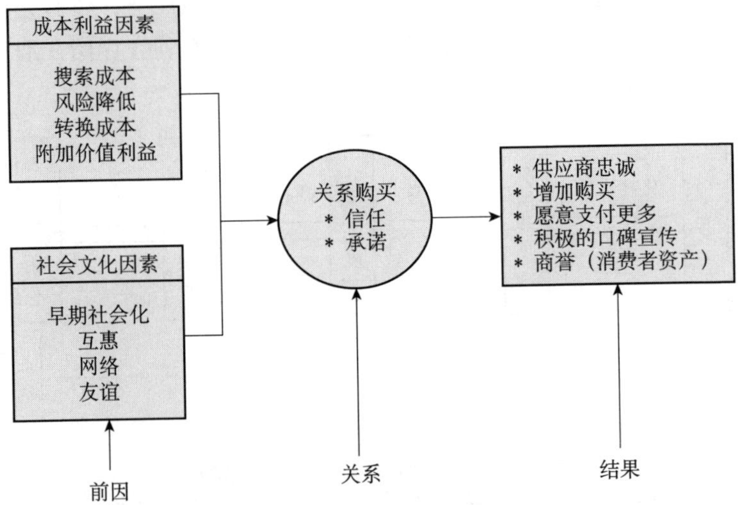

图 2－6　米塔尔的关系购买模型框架

资料来源：笔者根据米塔尔的关系购买理论内容整理绘制而得。

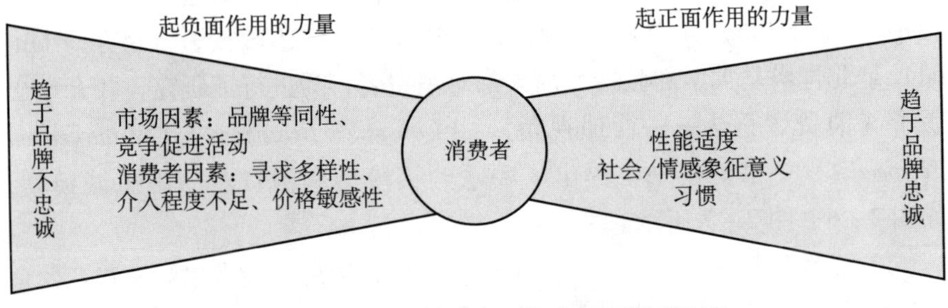

图 2－7　米塔尔的消费者品牌忠诚模型框架

资料来源：笔者根据米塔尔的关系购买理论内容整理绘制而得。

在界定了消费者角色和商品创造价值的理论后，谢思和米塔尔提出了群体性消费者行为的总体模型、消费者关系购买模型和消费者品牌忠诚模型。其中，消费者关系购买模型主要分析影响消费者与供应商之间关系的因素。这一影响因素模型主要分为三部分，第一部分是前因部分，是影响关系购买动机产生的部分，消费者是否会建立一种购买关系的决策受到这部分因素的影响；第二部分是关系部分，这里主要是指，消费者与产品或服务提供者之间的关系，由于消费者在选择产品或服务提供者的过程中大量的时间、金钱和精力会被耗费掉，因此，消费者在一般情况下只会不断重复选择一家特定的产品或服务的提供者；第三部分是结果部分，人们对是否建立一种购买关系的决策主要受到两类因素（社会文化因素和成本利益因素）的影响，如果消费者愿意建立一种购买关系，且这种购买关系是以相互承诺、相互信任为基础建立的，这种关系一旦最终给消费者带来了较好、较正确的结果，消费者就有可能在购买和使用了某种商品后产生独特的行为和态度：重复购买该供应商的产品，对该供应商的忠诚度提高，更进一步地，消费者甚至愿意支付更高的价格给供应商。这一模型表明，对供应商来说，最关键的是要形成关系购买。

谢思和米塔尔提出的品牌忠诚模型，分析了消费者品牌忠诚的影响因素。他们认为，有三个因素影响消费者的品牌忠诚：第一个影响因素，是品牌产品性能的适合性，这一适合性是消费者在购买产品或服务时所能感受到的或感觉到的；第二个影响因素是消费者在长期重复使用同一种品牌产品过程中逐步形成的消费习惯；第三个影响因素是消费者购买的产品品牌所能代表的社会地位或情感的强弱程度。他们更进一步地指出，其他品牌的吸引力也大幅降低消费对某一品牌的忠诚度，而其他品牌吸引力的大小，又会受到市场相关的因素和其他与消费者个人相关因素的影响。

（7）彼得的消费行为轮状模型。J. 保罗·彼得（J. Paul Peter）是美国威斯康星大学麦迪逊分校的教授、杰里·C. 奥尔森（Jerry C. Olson）分别是宾夕法尼亚州立大学的教授，他们在深入研究消费者行为的基础上合作出版了《消费者行为与营销战略》（*Consumer behavior and marketing strategy*）一书，在书中首次提出了消费者行为轮状模型，如图 2 - 8 所示。彼得和奥尔森认为，消费者所面临的各种环境、消费者的消费行为、消费者的感知与认知以及企业的营销战略四个方面是研究消费者行为的出发点。更进一步，他们指出，这四个方面是缺一不可的。此外，彼得和奥尔森还阐明了影响消费者商品选择的关键需求的因素，认为消费者购买、使用商品的目的和情境会显著影响其对某类特定商品的选择决策，而消费者商品选择的关键需求产生于其购买商品和使用商品的目的和情境。因此，只有准确识别消费者购买商品和使用商品的目的和情境，才能准确掌握消费的关键需求。关键需求是指，显著影响消费者消费决策的利益需求。

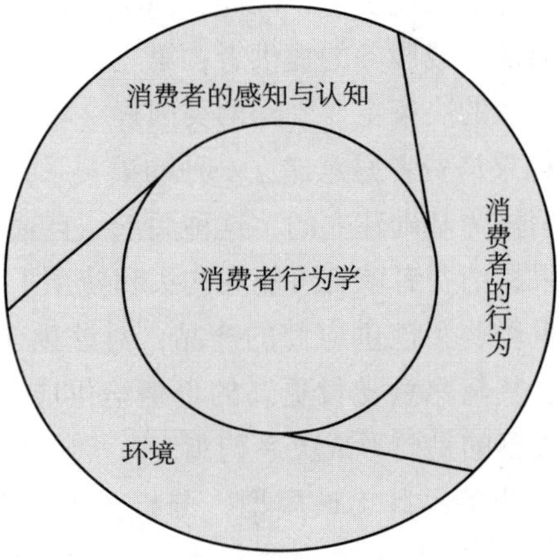

图 2-8　J. 保罗·彼得的消费行为轮状模型框架

资料来源：[美] J. 保罗·彼得. 消费者行为与营销战略（第 9 版）[M]. 大连：东北财经大学出版社，2010.

2.2 文献综述

目前，理论界关于绿色消费行为的研究较少，虽然在居民绿色消费的问题上取得了一系列丰硕成果，但相关研究视角多较为宏观，研究多集中在对居民收入、人群特征与绿色消费行为的关系，国家政策对绿色消费行为的影响等方面，而从城镇居民绿色消费行为的角度研究区域性城镇消费模式的成果，则显得较为单薄。

2.2.1 关于消费行为的研究

消费是人类社会永恒的主题之一，消费是人类社会生产的前提和基础，人类要不断发展与进步，也离不开消费。伴随着消费在人类社会发展中所起作用的不断增强，以及人们不断提高的消费意识，西方学者于 20 世纪 30 年代开始进行消费行为方面的研究，此后，消费行为成为经济管理方面研究的主题，形成了一些比较有价值的理论。

关于消费行为的外文文献研究成果中比较有代表性的主要包括，节制消费理论、适度消费理论、炫耀性消费理论和可持续消费理论四种。

17 世纪，英国工业革命后，随着经济的蓬勃发展，英国工业对资本的需求日益迫切，在这一背景下，一些英国的政治经济学家，比如，亚当·斯密、威廉·配第、大卫·李嘉图等开始关注消费行为，虽然他们关于消费行为的研究一直没有专门的论述，未形成体系，但综观他们关于消费行为的观点，我们可以发现一个共同之处，就是他们都提倡节制消费、主张节俭，从而加快完成资本积累。亚当·斯密认为，辛勤工作和勤俭节约才能获得财富，只有勤劳没有节俭，财富不会增加，因此，应鼓励居民的生产性消费和未来消费，压抑居民的非生产性消费与当前消费。威廉·配第也有类似的观点，认为居民应当压制或减少非必要消费，才能保证资本积累与财富积累的完成。基于此，他认为消费应以能否促进生产为标准，抑制类似于大吃大喝这种不利于生产的消费行为。大卫·李嘉图认为，人的欲望是产生消费行为的直接原因，如果人的欲望没有得到满足，就会产生消费行为，因此，人们应该抑制那些对生产不利的欲望，进而节制消费。

节制消费的理论在很长时间内成为英国政府指导消费的基本理论，但随着社会的不断发展，以法国经济学家西斯蒙第、魁奈和英国经济家凯恩斯为代表的一些学者也开始对消费行为进行了进一步研究，提出了适度消费的观点。凯恩斯主张，应当运用财政政策和货币政策引导居民适度消费。魁奈主张，应当引导国民进行适度消费。西斯蒙第认为，消费决定生产，因此，政府应当关心消费者的利益，而生产者应当研究市场，从而引导居民合理消费。

19 世纪 30 年代，加拿大社会学家雷（Rae）提出了炫耀性消费概念，认为炫耀性商品的性质和效用可以从虚荣心的角度来加以解释（Rae，1834）。但炫耀性消费真正形成理论主要归功于凡勃伦（Veblen），他认为那些不需要工作就能获取剩余价值的有闲阶级因为与劳动阶级在心理上的差异决定了他们除了有满足生理需求的消费外，还有能让其心理和精神上得到满足的炫耀性消费。杜森贝里（1949）提出的示范效应理论则进一步丰富了炫耀性消费理论。莱宾斯坦（Leibenstein）也认为，消费者有非功能性需求，这些需求会受到外部效应，包括跟潮效应、逆潮效应和凡勃伦效应的影响，这一观点更是认可了凡勃伦关于炫耀性消费的思想。

20世纪末期，随着自然环境的不断恶化，联合国环境署发表了《可持续消费的政治因素》（*Political Factors of Sustainable Consumption*）这一影响深远的报告，可持续消费概念出现在这一报告中。可持续消费是指，人们的消费应以满足自身的基本需求和提高生活质量为前提，但同时又不能危及子孙后代的需要。

除了以上经典消费行为理论外，还有学者提出了冲动性消费的概念。这一概念最早是由斯特恩（Stern，1962）提出的，在此之前，也有文献研究了类似的消费行为，并提出了非计划购买的概念（Katona，1951），但这一概念并不能准确地反映冲动性消费的本质。在斯特恩提出冲动性消费概念后，不断有文献试图解释冲动性消费行为（Rook et al.，1987；Puri et al.，1996；Beatty et al.，1998；Shiv et al.，1999），但这些文献对冲动性消费行为的解释本质上是一致的。冲动性消费最新的定义是，突然感受到一种心理上的冲动，以一种愉悦自己的方式开始行动，这种行动方式是突然产生的，没有考虑任何后果，但能迅速给人带来满足（Sengupta et al.，2007）。

关于居民的消费行为主要是以上几种，虽有学者提出了一些有别于以上几种的消费行为，但从本质上来看，都是以上几种消费行为的丰富和发展。事实上，理论界较少关注居民具体的消费行为，更多关注的是影响居民消费行为的因素。

2.2.2 关于消费行为影响因素的研究

随着消费对经济发展重要性的不断体现，理论界对消费的研究进一步深入，逐渐转向研究影响消费行为的因素，取得了大批影响深远的成果，这些研究成果主要可以分为两方面，一个是经济学方面的研究成果；另一个是其他学科方面的研究成果。

（1）经济学方面的研究成果。

经济学方面的研究成果主要是分析收入对消费行为的影响，比如，前面所述的绝对收入理论、相对收入理论等都是这方面的代表理论。在此基础上，也有一些经济学家分析了家庭的户主年龄、家庭的资产及其构成和家庭的人口结构等人口统计学因素对居民消费行为的影响。早期经济学者对居民消费行为的研究，大多以确定性消费理论为基础。无论是凯恩斯的绝对收入理论，还是莫迪利安尼的生命周期理论和弗里德曼的持久收入理论，虽然研究的侧重点不同，但都认为影响消费行为的主要因素是收入。许多中外文文献在其基础上，进一步探求了消费行为与居民收入之间的关系，并着重分析了持久性收入和暂时性收入影响消费行为的机制及其差异。①② 确定性消费理论成果虽然有一定指导意义，但与实际有所出入，因此，出现了与实际更相符的不确定性条件下的消费理论。此后，理论界开始关注收入不确定性对消费行为的影响。③④ 此外，许多文献还通过实证分析的方式，检验了消费者的消费行为会伴随其收入水平而发生变化。⑤⑥⑦

也有很多文献研究了年龄、家庭资产结构和住房所有权等因素对居民消费行为的影响。其中，较有代表性的学者是恩格尔哈特（Engelhardt）、莱文（Levin）等。恩格尔哈特（1996）通过对户主年龄在 65 岁以下的家庭 1984～1989 年收入动态面板数据的处理，发现家庭资产对消费支出水平有不同影响，即储蓄率不同的样本家庭，其实际住房资产的边际消费倾向差异较大。莱文（1998）则对纵向退休历史调查（LRHS）数据进行了分析，认为收入和流动性资产的变化对消费支出的影响较为敏感。相关中文文献也有许多，付波航，方齐云和宋德勇（2013）研究估计，中国居民消费率与城镇化水平呈正相关，城镇化水平每提高 1%，居民消费率约增加 0.04%。同时，城镇化通过提升居民消费能力、改变居民消费习惯和扩展消费领域等途径，间接地提高了总体消费水平，预计这一正向作用随着

---

① Campbell J., Deaton A. Why is Consumption So Smooth [J]. Review of Economic Studies, 1989, 56: 357－374.

② 汪伟. 中国居民储蓄率的决定因素：基于 1995～2005 年省际动态面板数据的分析 [J]. 财经研究, 2008, 34 (2): 53－64.

③ Zeldes S. Consumption and Liquidity Constraints: An Empirical Investigation [J]. Journal of Political Economy, 1989, 97 (2): 305－346.

④ 张邦科, 邓胜梁. 我国城乡居民消费函数的理论假说与实证检验 [J]. 南京社会科学, 2012 (1): 17－23, 47.

⑤ 吴晓明, 吴栋. 我国城镇居民平均消费倾向与收入分配状况关系的实证研究 [J]. 数量经济技术经济研究, 2007 (5): 22－32.

⑥ 牛似虎. 收入差距对于我国城乡居民消费影响的实证分析 [J]. 中央财经大学学报, 2012 (3): 11－16.

⑦ 胡日东, 钱明辉, 郑永冰. 中国城乡收入差距对城乡居民消费结构的影响——基于 LA/AIDS 拓展模型的实证分析 [J]. 财经研究, 2014, 40 (5): 75－87.

时间推延还会进一步增强。熊芳和李炳莲的研究，以中国江汉平原为例，通过设计农户家庭总收入和农户家庭人口特征为自变量，分析了其对农户家庭消费结构的影响。最终得到结论，农户家庭实物消费或生存型消费主要受农户家庭总收入影响，而与家庭其他人口特征关系不密切。[①] 王欢和黄健元利用 1987 ~ 2011 年的相关数据对中国城乡人口年龄结构与居民消费之间的关系进行了比较研究，并最终得出结论，人口年龄结构对消费的影响具有时期效应。[②]

也有很多学者对消费的财富效应进行了深入研究，研究结果表明，家庭各方面的不同会使财富效应发生变动。比如，家庭成员的年龄，就是影响其财富效应变动的一个重要的决定性因素。雷拉特（Lehnart，2004）运用实证研究方法，在控制持久收入和不控制持久收入的情况下，对不同年龄群体住房资产的财富效应进行了研究，结果表明住房资产的财富效应会随户主年龄的变化而变化。西奈（Sinai，2005）分别运用两种实证方法进行回归分析，结果表明购房者如果是年轻人，住房资产几乎没有财富效应，而如果购房者的年龄在 36 ~ 45 岁区间，则住房资产的财富效应非常大，而如果购房者的年龄超过 45 岁，则家庭的财富效应又呈下降趋势。

习惯形成也是影响消费行为的一个重要因素，李芬尧（Feng - Yao Lee，1970）认为，习惯形成与消费行为之间有显著的关系。丹尼斯（Denise，1988）通过对英国季度数据的分析发现，季节性的习惯形成显著影响了居民的消费行为。坎贝尔（Campbell，1999）指出，因为存在习惯的因素，当持久收入变动后，居民消费行为调整得比较缓慢。帕特里齐奥（Patrizio，2004）认为，居民的边际消费倾向会随着习惯的形成而降低。洛佩斯（Lopez，2005）通过对西班牙家庭调查数据分析发现，居民的消费决策在很大程度上会受到习惯的影响。迪莉娅（Delia）通过对稳定的资本市场的研究，发现形成消费习惯的人消费往往会比较高。[③] 齐福全和王志伟（2007）通过对北京市农村居民消费习惯进行实证分析，发现

---

① 熊芳，李炳莲．农户家庭特征与消费结构的实证研究——以江汉平原为例［J］．农业技术经济，2014（12）：59 - 64.

② 王欢，黄健元．中国人口年龄结构与城乡居民消费关系的实证分析［J］．人口与经济，2015（2）：11 - 20.

③ Delia Velculescu. Consumption Habits in An Overlapping-Generations Model［J］. Economics Letters，2011：127 - 130.

北京市农村居民家庭人均生活消费总支出、食品支出和衣着支出存在消费习惯，其中，衣着支出的消费习惯最强。杭斌和闫新华（2013）利用1999～2009年中国的大部分省（自治区、直辖市）的城镇住户调查数据进行实证分析，从习惯形成和预算约束角度对中国城镇居民的高储蓄现象做出了解释。[①]

外文文献运用经济学范式研究影响消费行为的因素除了以上几类外，还提出了社会保障、收入差距、人口老龄化趋势等影响消费行为的观点。[②③④] 这些观点对本书的研究也有一定参考价值。中文文献研究消费行为的起步相对较晚，但也获得了一些有实际价值的研究成果，而这些研究成果主要集中在宏观经济领域，且主要是将西方的消费理论中国化，在此过程中，一些中文文献发现西方关于消费的经济理论并不能很好地解释中国居民的消费行为。比如，齐天翔运用凯恩斯的绝对收入理论分析了中国居民收入与消费行为的关系，结果表明绝对收入理论可以很好地解释中国计划经济时代的居民消费行为，但不能解释经济体制转轨时期的居民消费行为。[⑤] 也有很多中文文献探讨了不确定性对中国居民消费行为的影响，得出了与西方学者相似的结论。[⑥⑦] 此外，还有一些文献分析了其他因素对消费行为的影响，比如，金晓彤和杨晓东提出了中国城镇居民消费行为变异的假说，并认为消费政策的不断调整是中国城镇居民消费行为发生变异的主要原因。[⑧] 田青和马健通过对中国大部分省区市相关数据的分析，发现医疗保健、教育文娱支出影响居民的消费行为，且这种影响的程度会

---

① 杭斌，闫新华．经济快速增长时期的居民消费行为——基于习惯形成的实证分析［J］．经济学（季刊），2013，12（4）：1191－1208.

② Musgrave A. Unreal Assumption in Economic Theory：The F-twist Untwisted［J］. Kyklos，1981（34）：377－87.

③ Thomas S. Stock. Simple Tests of Distribution Effects on Macroeconomic Equations［J］. Journal of Political Economy，1986（4）：863.

④ Ramajo J.，A. Garcia，M. Ferre. Explaining Aggregate Private Saving Behaviour：New Evidence from a Panel of OECD Countries［J］. Applied Financial Economies Letters，2006（215）：311－315.

⑤ 齐天翔．经济转轨时期的中国居民储蓄研究［J］．经济研究，2000（9）：21－30.

⑥ 龙志和，周浩明．中国城镇居民预防性储蓄实证研究［J］．经济研究，2000（11）：37－46．罗楚亮．经济转轨、不确定性与城镇居民消费行为．经济研究，2004（4）：100－106.

⑦ 陈冲．预防性储蓄动机的时序变化及其影响因素差异——基于中国城镇居民不同收入阶层视角［J］．中央财经大学学报，2014（12）：87－94.

⑧ 金晓彤，杨晓东．中国城镇居民消费行为变异䜣的四个假说及其理论分析［J］．管理世界，2004（11）：5－14，28.

随着区域的变化而变化。[①] 郜秀军等通过对农户的访谈，发现家庭面临的冲击因素、家庭面对冲击的缓冲能力、外部的支持因素等，会影响中国农户的消费行为。[②] 戴颖杰和周奎省考虑了房价对居民消费行为的影响并进行了实证分析，发现房价抑制了居民消费支出，相对日常生活用品而言，房价对居民耐用品消费支出的抑制作用更明显。[③] 此外，不同类型的房价对居民消费行为的影响也有差异。叶德珠等对世界上 48 个国家和地区的面板数据进行了研究分析，研究结果表明，不同国家的文化比传统因素更能解释各国居民的消费行为差异。[④] 黄娅娜和宗庆庆利用中国城镇居民收支调查数据对消费习惯形成效应进行了深入、细致地分析，研究结果表明，中国城镇居民的食品消费存在显著的习惯形成效应，且不同群组的家庭习惯效应的差异显著。[⑤] 王锴在结合国有商业银行的金融创新改革后，利用计量经济学模型对消费信贷在中国居民消费行为中的具体影响进行实证研究，并证明消费信贷通过内需和社会信用结构对消费行为产生影响且效果显著。[⑥]

（2）其他学科的相关研究。

在经济学科对居民消费行为的影响因素进行研究之后，心理学、社会学、管理学等学科的学者也开始深入研究消费行为的影响因素，这些研究主要是从微观角度进行的，研究成果对于企业如何更好地满足居民的消费需求有一定的指导意义。

从心理学角度来看，居民的动机、心态、生活形态、自我概念、价值观等与消费者心理相关的因素，会影响居民的消费行为。[⑦⑧⑨] 从社会学角

---

① 田青，马健，高铁梅. 我国城镇居民消费影响因素的区域差异分析［J］. 管理世界，2008（7）：27 - 33.

② 郜秀军，李树茁，李聪，黎洁. 中国农户谨慎性消费策略的形成机制［J］. 管理世界，2009（7）：85 - 92.

③ 戴颖杰，周奎省. 基于系统动力学的我国地价与房价关系及对策研究［J］. 统计与决策，2012（9）：117 - 121.

④ 叶德珠，连玉君，黄有光，李东辉. 消费文化、认知偏差与消费行为偏差［J］. 经济研究，2012（2）：80 - 92.

⑤ 黄娅娜，宗庆庆. 中国城镇居民的消费习惯形成效应［J］. 经济研究，2014（1）：17 - 28.

⑥ 王锴. 我国居民消费信贷对消费行为影响实证分析［J］. 中国国际财经（中英文），2016（21）：90 - 95.

⑦ Rokeach M. The Nature of Human Values［M］. NY：Free Press，1973.

⑧ Schwartz，S. H. Are There Universal Aspects in the Content and Structure of Values?［J］. Journal of Social lssues，1994（50）：19 - 45.

⑨ 张广胜. 农村市场发育对农户消费行为影响的实证研究［J］. 中国农村观察，2002（4）：43 - 47.

度来看，社会文化、自然环境、收入变化、企业的营销活动等因素与居民的消费行为密切相关。[1][2] 从管理学角度来看，动机、知觉、学习与记忆、态度、个性、自我概念与生活习惯等是影响消费行为的个人因素；文化、社会阶层、社会群体、家庭等是影响消费行为的外部因素。[3] 除此之外，还有一些文献提出了消费行为的其他影响因素。比如，赫克勒等（Heckler）认为，子女的消费行为和消费习惯会显著地影响父母的消费行为和消费习惯，即存在反代际影响。[4] 摩尔（Moore Shav E. S. and B. M. Berchmang, 1996）利用问卷调查研究了母女的服装消费行为，发现母女在服装消费行为上存在高度一致性，即母亲的消费行为影响了女儿的消费行为，这就是代际影响。[5] 多拉基亚等（Dholakia et al.）认为，群体标准和社会认同会显著地影响群体中的消费者消费行为。[6]

中文文献较少有一般消费行为影响因素的原创研究，但随着经济的不断发展，中文文献开始关注网络消费行为、有机产品消费行为、绿色消费行为等的影响因素研究。比如，杨金深（2005）认为，经济、文化、技术和政策等多方面的因素影响居民对安全农产品的消费行为。马骥等（2009）认为，居民对安全农产品认知能力的高低，决定了其消费安全农产品的行为。孟艾红（2011）通过对城市居民低碳行为的研究，发现居民的社会心理意识、炫耀性心理、低碳消费知识以及从众心理显著影响其低碳消费行为。武瑞娟等（2012）通过实证调研发现，沉没成本、节俭消费观、控制动机均显著影响积极消费行为。劳可夫（2013）通过对问卷调查收集到的数据进行分析处理后发现，消费者创新能力对绿色消费行为具有显著的影响。刘瑞峰（2014）利用北京市、郑州市和上海市 585 位消费者

---

① Leigh, James H., Menon, Anil. Audience Involvement Effects on The Information Processing of Umbrella Print Advertisements. Journal of Advertising, 1981, 16 (3): 3 – 13.

② Engel, Miniard & R. D. Blackwell. Consumer Behavior [M]. Forth Worth: Dryden, 1995.

③ Kolter, P., G. Armstrong. Principle of Marketing [M]. 9th Edition, New Jersey: Prentice Hall, 2001.

④ Heckler S. E., T. L. Childers and R Arunachalam. Intergenerational influences in adult buying behaviors: An examination of moderating factors [J]. Advances in Consumer Research, 1989 (16): 276 – 284.

⑤ Moore Shay E. S., B. M. Berchmans. The Role of the Family Environment in The Development of Shared Consumption Values: An Intergenerational Study [J]. Advances in Consumer Research, 1996 (23): 484 – 4901.

⑥ Dholakia Utpal M., Bagozzi, Richard P. and Pearo Lisa Klein. A Social Influence Model of Consumer Participation in Network-and Small-Group-Based Virtual Communities [J]. International Journal of Research in Marketing, 2004, 21 (3): 241 – 263.

的调查数据，实证分析了特色农产品消费行为的影响因素。结果表明，消费者年龄、文化程度、收入水平、对产品质量安全性的要求、对产品新鲜程度的要求、对产品原产地的重视程度、对产品品牌的重视程度和对亲友推荐的认可程度等因素正向影响其消费行为，职业状况、对产品外观的要求、对产品价格水平的重视程度和对销售推介的重视程度等因素，负向影响其消费行为，性别、婚姻状况、对产品营养成分含量的要求和对产品口感的要求等因素未显著影响其消费行为。

2.2.3 关于城镇居民绿色消费行为研究

关于居民绿色消费行为的中外文文献较少，尤其对于区域性城镇居民绿色消费行为的研究更是寥寥无几，但居民消费作为各国经济的重要组成部分，对其绿色消费模式的倡导和对其影响因素的研究具有重要指导意义。

（1）外文文献关于绿色消费的研究进展。目前，学术界普遍认为，绿色消费的概念由埃尔金顿和朱莉娅·黑尔斯（Elkington and Julia Hailes，1987）率先提出。在1992年巴西里约热内卢举行的联合国环境与发展大会上，通过了《里约环境与发展宣言》（*Earth Charter*）（又称《地球宪章》）、《21世纪行动议程》、（*Agenda*21）、《气候变化框架公约》（*United Nations Framework Convention on Climate Change*）和《保护生物多样性公约》（*Convention on Biological Diversity*）等一系列重要文件，代表着可持续发展、与自然和谐相处的绿色消费理念逐渐进入公众的视野。在雷斯（Ress）于1995年发表的研究报告中，指出居民的具体消费方式与环境污染程度呈现出较明显的相关性，随后，戴利（Daly，1996）和达钦（Duchin，1998）也证实了这一点。塔纳（Tanner，2000）等提出，传统消费模式难以在短期内实现向绿色消费的转化，特别是对于发展中国家来说。随着绿色消费观念的普及，近几年有关绿色消费的研究呈现井喷式增长，例如里特尔和米莉安（Ritter and Miriam，2015）探究了促进巴西消费者绿色消费行为的模式。桑迪（Sandy，2012）以电器消费为例，表明消费者的绿色消费认知程度与其绿色消费行为呈现正相关。在富兰克林（Franklin，2013）的研究中，消费者的绿色消费意愿与其生活环境有关。武井和今本（Takei and Imamoto，2012）从经营管理角度，探求了减少资源浪费和二氧化碳排放的绿色管理模式。

此外，还有不少研究文献通过定量分析方法研究各种影响消费者绿色消费行为的因素。尹海金（Hae Jin Yoon，2015）以住宿业为例，分析影响消费者进行绿色消费行为的关键因素。海因斯（Hines，1987）、格拉内特（Grunert，1993）等指出，生态知识和生态行为之间只具有中等相关，但在统计上是显著的正相关。在对英国居民、美国居民垃圾回收行为研究后，德扬（DeYoung，1990）等发现，垃圾回收箱的多少与方便程度会直接影响当地居民的垃圾回收行为。宾（Bin，2005）等研究发现，消费者的人口特征、受教育程度、收入水平的不同都会对当地的绿色消费环境产生影响。阿耶兹（Ajzen，2007）等则列举出了生活习惯、政策导向等影响消费者绿色消费行为的因素，并进行数据分析。

（2）中文文献关于绿色消费的研究进展。2001 年 3 月，全国人大九届四次会议提出重视生态建设与环境保护，以实现可持续发展的战略目标，绿色消费作为其重要的战略部署，逐渐进入主流大众的视野。

中文文献在绿色消费领域的研究相对较少且起步较晚，目前，理论界在绿色消费研究中取得了一系列丰硕成果，但相关研究视角多较为宏观，研究多集中在对居民收入、人群特征与绿色消费行为的关系，国家政策对绿色消费行为的影响等方面，而从城镇居民绿色消费行为的角度研究区域性城镇消费模式的成果，则显得较为单薄。值得一提的是，项目组在查阅文献的过程中，以绿色消费行为为关键词在知网上进行全文搜索时，共发现 299 篇相关文献，且多为近 3 年发表，发表刊物质量参差不齐，援引量和下载量均较低。

不少文献从法律制度的层面入手。2015 年，张新宁和王敏在《绿色消费行为影响机制与法律框架研究》一书中，通过分析影响绿色消费行为的原因，有针对性地提出了一些完善中国绿色消费法律制度的建议。刘伟和徐继强（2010）探讨了目前制约中国绿色消费发展的因素，提出了完善中国绿色消费法律制度的一些建议，如制定绿色消费促进法、完善环境标志制度、实施绿色税收等。邱晗①、关婉洁②、夏岩③等则对中国绿色消费

① 邱晗．绿色消费促进法律制度研究［D］．南昌：江西财经大学，2012.

② 关婉洁．我国绿色消费的法律问题研究［D］．哈尔滨：东北林业大学，2014.

③ 夏岩．绿色消费法律义务研究［D］．长春：吉林大学，2015.

现状、中国绿色消费法律制度方面进行了较为深入的剖析，提出消费者对绿色消费负有义务，应当承担绿色消费的责任。

目前，由于世界各国对于绿色消费的概念界定仍比较模糊，没有统一标准，国内相关机构和部分文献也对其内涵进行了界定。1994 年发布的《中国 21 世纪议程》中明确了引导、建立可持续消费模式的目标和行动，其提出的可持续消费与绿色消费在理念上大同小异，可持续消费不仅强调产品的环保特性，更强调消费在发展上的可持续性。《中国 21 世纪议程》从消费理念、消费模式两方面极大地推动了绿色消费在中国的发展。2001 年，中国消费者协会提出，绿色消费主要包含三层含义：一是倡导个体在购买过程中选择未被污染或有助于公众健康的绿色产品；二是在消费过程中注重对垃圾的处置，避免环境污染；三是引导消费者转变消费观念，崇尚自然、追求健康，在追求生活舒适的同时，节约资源和能源，实现可持续消费。万后芬认为，绿色消费是可持续发展思想在消费领域的具体体现，通过追求适度节约消费，以减少对环境带来的污染与破坏。[①] 刘伯雅（2009）指出，绿色消费是一种以“绿色、自然、和谐、健康”为宗旨，有益于人类健康和社会环境的新型消费模式。陈凯（2016）在综合前人研究成果的基础上，将绿色消费定义为消费者在意识到环境问题之后，兼顾实现自身利益和减少环境损耗的消费行为。

此外，中文文献在目前国内的绿色消费现状、存在的问题以及可能影响消费者绿色消费行为的因素方面取得了一定成果。陈凯和彭茜（2014）研究中发现，不同的消费群体对于绿色消费行为的执行有差异，并假设合理的应用参照群体效应，能促进消费者实现从绿色消费意愿向绿色消费行为的转化。于伟（2010）指出，消费者对绿色消费的认知程度越高，越容易表现出绿色消费倾向。陈凯和陈铖（2014）从过程视角，分析了中国绿色消费行为的主要限制因素，并提出了促进战略。何凤波（2010）则研究、验证了态度、主观规范、感知行为控制、绿色消费意愿等因素对于城市居民绿色消费行为的影响，都具有直接或间接的促进作用。陈凯、丁蒙和彭茜（2016）研究了各地政策引导对于居民绿色消费行为及绿色消费意愿的影响和作用。申嫦娥、田悦、魏荣桓和王永丽的研究借鉴了态度—情

① 万后芬. 以独特的绿色企业形象赢得竞争优势［J］. 中国流通经济，2002（3）：44－47.

境—行为模型的理论框架，将政府对消费者干预的先行策略、后继策略以及政府营造的消费环境因素纳入对居民绿色消费行为的考虑范围。[①] 通过实证分析发现，先行策略会正向影响消费者的态度，并间接对绿色消费行为产生正向影响。王财玉和吴波（2018）研究发现，消费者在近期情境下对绿色产品的购买意愿低于远期，即个体更倾向于在将来而不是现在购买绿色产品。

2.2.4 文献评析

居民的消费行为一直是经济学、管理学、社会学、心理学等学科的研究热点，已有研究成果主要集中在宏观和微观两个层面。从宏观层面看，主要是经济学领域的学者从收入、资产、习惯形成等方面研究居民的消费行为，研究成果对政府制定引导居民合理消费、扩大内需等政策有一定指导意义。从微观层面看，较多研究表明，消费者的个体特征、文化、家庭、生活习惯、自我概念等因素显著地影响其消费行为，这些成果可以指导企业制定合理的产品营销策略，从而提升企业产品的市场竞争力。综观已有的中外文文献可以发现，对居民消费行为的研究已比较成熟，但关于城镇居民绿色消费行为的研究较少，外文文献虽有一些研究成果探讨了绿色消费行为及其影响因素，但研究因素主要是年龄、职业等人口统计特征变量，显得过于简单和片面，且研究对象都是外国居民，而中国居民与外国居民有显著的文化差异，这也导致外文文献的研究结论并不能很好地解释中国城镇居民的绿色消费行为。也有一些关于相关领域的中文文献，但这些文献更多地运用简单的描述性统计分析方法开展，缺乏规范的实证研究成果。因此，本书在借鉴已有研究成果的基础上，运用规范的管理学实证研究方法系统、详细地研究中国城镇居民的消费行为及其影响因素，有一定的理论意义与实践指导意义，也是对现有消费行为理论的扩展和补充。

---

① 申嫦娥，田悦，魏荣恒，王永丽．财税政策对居民低碳消费行为的影响——基于北京市居民抽样问卷调查的实证研究［J］．税务研究，2016（2）：98－104.

第3章

湖北省城镇居民绿色消费行为的特征分析

3.1 引　言

人类赖以生存和居住的地球只有一个，因此，实行绿色消费，保护地球环境、节约资源，是全世界人民共同的愿望和责任。21 世纪以来，追求可持续发展已成为中国经济发展的重要目标。目前，中国已针对 11 种产品出台了近 80 项政策，鼓励发展绿色产业，推动居民进行绿色消费，从而实现健康、节约、环保的生活方式。而湖北省作为“中部崛起”战略的中流砥柱，一直积极响应国家政策。在飞速发展的经济形势下，人们的生活水平逐渐得到改善，绿色、健康的生活方式也得到了广大人民群众的认同，对湖北省城镇居民来说，其消费结构也发生了巨大变化，绿色消费行为呈现显著提高。因此，本书收集了 7 种相关产品（绿色食品、可降解餐盒、节能型电器、低排放汽车、实木地板、一次性餐具、购物塑料袋）的绿色消费数据，相关数据表明湖北省城镇居民的消费结构变化。

关键因素在于，改革开放极大地解放了社会生产力，中国经济得到迅猛发展，城镇居民的生活水平逐渐得到改善，物质生活逐渐丰富，能够有能力和机会根据自身需求和喜好在绿色产品与非绿色产品之间进行选择。再加上政府近年来对于绿色产业的扶持和绿色产品的推广，促进人们进行绿色消费的相关法律法规体系也逐步建立和完善。另外，随着生活水平和知识水平的逐步提高，人们不再仅追求温饱的生活状态，而是期待着美好生活和精神层面的满足，进行绿色消费，保持健康、节约、环保的生活方式，促进社会可持续发展，这一认知已经成为社会主流。因此，绿色产品的消费占比正呈现稳步上升的良好趋势，可以看出情况正在好转，但与国际标准相比仍相差甚远。

通过查阅相关法律、法规，综合前人的研究成果，整理出中国目前已有的 11 大类产品的绿色消费政策，主要囊括 70 多项，包含领域有推广节能环保型产品；节能省地型住宅；绿色食品、有机食品、有机农产品、无公害农产品等；推广绿色消费场所；绿色印刷；资源回收利用；居民非基本用水；居民非基本用电；过度包装资源性产品与消耗能源污染环境的产品 11 个方面，见表 3－1。

表 3－1　　中国绿色消费政策领域

类别	主要方式
节能环保型产品	高效节能产品
	高效照明产品
	节能与新能源汽车
	低污染排放小汽车
	有机肥产品
	废矿物油再生油品
	利用废弃的动植物油生产纯生物柴油
	滴灌带产品和滴灌管产品
节能省地型住宅	绿色建筑
	绿色农房
	绿色建材
绿色食品、有机食品、有机农产品、无公害农产品	
绿色消费场所	绿色饭店
	绿色市场

续表

类别	主要方式
政府绿色采购	优先采购
	强制采购
绿色印刷	中小学教科书绿色印刷
	票据票证绿色印刷
资源回收利用	报废汽车回收
	废弃电子产品回收处理
	再制造产品“以旧换新”
	老旧汽车报废
	黄标车提前报废
	汽车以旧换新
	家电以旧换新
居民非基本用水	
居民非基本用电	
过度包装	月饼包装
	食品、化妆品包装
资源性产品与消耗能源、污染环境的产品	塑料袋
	成品油
	实木地板
	木质一次性筷子

资料来源：靳敏．中国绿色消费政策研究［M］．北京：中国人民大学出版社，2020.

经过上文分析，绿色消费对于居民个人，生态环境的可持续发展都是极其重要的。随着改革开放的不断深入，人民群众的生活不断得到改善，绿色消费观念逐渐深入人心。根据国家统计局数据显示，2018 年初，中国的人口总量已经达到将近 14 亿人，这会产生巨大的消费需求，无疑对于绿色产品具有很大的拉动作用，其绿色消费行为对于国家绿色消费政策的制定和发展也具有深远影响。而湖北省作为中国中部的重要省份，其各方面的发展对于中国都有着重要的作用。截至 2018 年初，湖北省的常住人口数量已超过5900万人，排名全国第九；且据统计，其城镇化率也已达到59.3%，居全国前列。因此，无论是从人口规模还是从城镇化水平上来说，了解湖北省城镇居民的绿色消费行为都是很有必要的。因此，本章主要对湖北省城镇居民的绿色消费行为研究过程进行设计，同时，通过描述性统计方法对湖北省城镇居民的绿色消费行为进行重点分析。

3.2 湖北省城镇居民绿色消费行为的问卷设计

鉴于以前关于消费行为的研究，主要是站在经济学角度，通过一系列宏观数据进行阐释，然而，湖北省城镇居民的绿色消费行为比较特殊，缺乏宏观数据的支撑，因此，本书主要采用问卷调查的方式，从微观层面对湖北省城镇居民的绿色消费行为进行分析。

3.2.1 问卷的设计

目前，管理学的实证研究主要采用问卷调查和实验两种方法。当前的统计方法已经足够科学，可以极大地满足问卷调研过程中数据的数量、数据的回收速度以及数据的准确、可靠。本书主要通过发放回收调查问卷的方式获得数据来源，为了满足所调查数据的准确、可靠，本书对数据进行了统计分析，然后，在分析结果的基础上对研究数据进行筛选，剔除不符合要求的数据。本书在构建理论框架基础上，参考了国内外已有的成熟测量量表，对所需要测量的变量进行考量，再结合湖北省城镇居民绿色消费的实际情况，量身定制测量量表。其中，所有变量都通过多个维度进行测量，同时，每个维度都构成问卷中的一个测量问题，利用李克特五点量表对所有需要测量的维度打分。在本书研究中，问卷设计过程如下。

首先，对相关文献进行收集和检索，文献的内容主要是与本书研究中变量相关的测量量表。在明确预期目标的基础上，在保证量表的信度和效度的前提下，对所搜集的各类量表进行比较分析，优先选取在国外研究成果中已经被证实有效或者是相对成熟的测量维度。

其次，对于研究中面临的问题咨询了相关专家和学者，对问卷设计的措辞、测量题项的内容以及规范性进行评价。根据专家的反馈意见对问卷设计中不合理的测量题项进行修改和删除，进而满足问卷的实用性和专业性。

再次，对修改之后的初始问卷进行预测试，本书采用的是小样本预测试，目的在于保证实际调研中的合理性和可行性。在小样本预测试工作中，我们主要采取两种方法，其一是邀请身边的同事和亲戚朋友填写问卷，同时，在其填写问卷过程中要求他们对问卷的表述和测量题项提出修改意见，保证问卷清晰合理。其二是让学生利用节假日去周边的公园、校区、集贸市场、商业区以及学校等人流量密集的地区随机发放问卷。

最后，在进行预测试之后，对预测试对象在调研过程中所提的各类意见进行汇总，然后，逐一修改问卷中的不合理之处。本书最终采用的调查问卷，见附录。

本书所用调查问卷的内容，主要涵盖了湖北省城镇居民的人口统计特征、生活习惯、知觉行为控制、行为态度、自我效能感、主观规范和湖北省城镇居民绿色消费意愿及消费行为等七部分。

第一部分是调研对象的人口统计特征变量，其调研内容主要包括地区、职业、性别、年龄、婚姻状况、学历水平、个人月收入、居民消费的绿色产品类型及购买渠道 9 个题项，其中，地区的选项包括湖北省 12 个市，具体为“武汉市”“黄石市”“襄阳市”“荆州市”“宜昌市”“十堰市”“孝感市”“荆门市”“鄂州市”“黄冈市”“咸宁市”“随州市”；性别的选项包括“男”和“女”；年龄选项包括“25 岁以下”“25 ~ 40 岁”“41 ~ 60 岁”“61 岁以上”；学历水平的选项包括“初中及以下”“高中/中专”“大学本科/专科”“研究生”；婚姻状况的选项包括“是”“否”；个人月收入的选项包括“3000 元以下”“3000 ~ 5000 元”“5000 ~ 7000 元”“7000 ~ 10000 元”“10000 元以上”；职业的选项包括“工人”“教师、医生或科技人员”“商人”“企业职员”“其他”。除此之外，还包括与湖北省城镇居民绿色消费行为相关的 2 个题项，分别是绿色消费的类型和购买渠道。其中，消费类型的选项包括“节能环保型产品”“节能省地型住宅”“绿色食品、有机食品、有机农产品、无公害农产品”“资源回收利用”“资源性产品”等 11 种绿色消费类型。购买渠道的选项包括“超市”“批发市场”“零售店”“网上”。

第二部分是对湖北省城镇居民绿色消费意愿和绿色消费行为的调研。本书研究中消费意愿的测量维度，主要包括“居民进行绿色消费的可能性”“居民推荐别人进行绿色消费的可能性”“居民未来进行绿色消费的可能性”三个维度。量表一共包含三个测量题项，其中在调查时，有一个题测项进行了反向设计。本研究中消费行为的测量，包括“绿色消费频率”“绿色消费量”两个题测项。按照李克特五点量表（Likert scale）进行设置，依次是“非常不同意”“不太同意”“一般”“比较同意”“非常同意”，分别赋予1分、2分、3分、4分、5分。

第三部分是对生活习惯的调研。包括是否抽烟、喝酒和参加体育锻炼三个测量题项，各题测项的测量方法与绿色消费意愿和绿色消费行为的测量方法一致，采用李克特五点量表方法。

第四部分是对湖北省城镇居民的绿色消费行为态度进行调研。主要包括对绿色消费的了解程度、对绿色产品质量的评价等四个测量题项，测量方法与绿色消费意愿和绿色消费行为的测量方法相同。

第五部分是对居民主观规范的调研。主要包括被调查对象周围的亲戚朋友、偶像、医生等的行为对其绿色消费行为的影响等六个测量题项，测量方法与绿色消费意愿和绿色消费行为的测量方法相同。

第六部分是对居民知觉行为控制的调查。主要包括绿色消费行为的便利性及其他障碍五个测量题项，测量方法与绿色消费意愿和绿色消费行为的测量方法相同。

第七部分是对居民自我效能感的调研。主要包括居民进行绿色消费的信心评价等四个测量题项，测量方法与绿色消费意愿和绿色消费行为的测量方法相同。

3.2.2 小样本预测试

在小样本预测试中，调查问卷采用的是纸质版，以人工发放的形式为主体，在问卷填写过程中主要采用调查人员和受访对象“面对面”沟通的形式，在现场直接填写后立即回收。在问卷开始填写之前，调查人员必须对调研的目的、数据用途以及保密工作等一系列相关情况进行详细陈述，以便受访对象能够有清晰了解，同时在填写过程中，问卷调查人员还要负责解释在问卷填写过程中受访对象提出的疑问，并鼓励他们填写心中最真实的答案。

在问卷调查过程中，一共回收 56 份问卷，其中，有效问卷共有 50 份，问卷的有效率约为 89%。在调查过程中，针对受访对象对问卷调查的结构设计、语意表达等方面的建议进行了讨论和改进。在回收问卷之后，对问卷收集的各类数据进行了整理和信度检验、效度检验，具体结果见表 3－2。

表 3－2　　预调查问卷各变量信度

变量	题项数目	Cronbach's Alpha
绿色消费意愿	3	0.905
绿色消费行为	2	0.940
生活习惯	3	0.906
消费行为态度	4	0.819
主观规范	6	0.865
知觉行为控制	5	0.786
自我效能感	4	0.766
—	—	—

资料来源：笔者根据本书调研数据分析处理而得。

一般在问卷调查过程中，当问卷的 Cronbach's α 值小于 0.35 时，代表问卷的信度水平比较低，问卷调研结果不具有说服力；当 Cronbach's α 值为 0.5 时，问卷的信度水平就是实证研究中可以接受的最低信度；如果问卷的 Cronbach's α 值达到 0.7 以上时，就表明该问卷是高信度问卷，问卷的调研结果可信度高，具有说服力。所有变量的 Cronbach's α 值都可以在表 3－2 中各维度的结果中体现，同时，在表 3－2 中反映出来的 Cronbach's α 值高于 0.7，则说明此问卷具有高信度，也就是初始问卷的信度比较好。

在进行问卷效度检验过程中，通常会采用因子分析方法，而在因子分析之前，需要检验量表的测量题项之间的高度相关性，因此，对问卷进行 Bartlett 球状检验就显得十分重要。在进行 Bartlett 球状检验的同时，还必须检验判别量表是否具有良好的净相关性，这就要借助 KMO 值进行检验。

当量表的 Bartlett 球状检验值的显著性水平小于 0.001，KMO 值大于 0.7 时，则表明测量量表比较适合进行因子分析，达到用一个因子表示多个测量维度的要求。在本书研究中，经过对预测试的数据进行主成分因子分析后，可以发现所有变量的 Bartlett 球状检验都达到了 0.000 的显著性水平。绿色消费意愿、绿色消费行为、生活习惯、消费行为态度、主观规范、知觉行为以及自我效能感的 KMO 值都在 0.7 以上，由此可知预调查的问卷整体效度都比较理想。

经过上面分析，小样本预测试的整体信度和整体效度都具有良好的表现，其主要的原因在于，研究中的量表设计都是参考、借鉴了前人已经成熟的研究成果，同时，在调研过程中都对各个环节进行了把控。基于此，在正式调查问卷中，并没有对初始问卷的各测量题项进行修改。

3.2.3　研究样本与数据收集

在本书研究中没有具体限制研究对象，仅对湖北省城镇居民普遍性的绿色消费行为问题进行了研究。鉴于在研究中采用多元回归分析法进行数据处理，因此，必须要经过大样本调查才能得到所需数据。本书的样本获取途径主要有：(1) 从学校教职工入手，在一所学校随机选择了 100 位教职员工作为研究对象。(2) 从学生入手，在节假日安排学生去生源地城市进行调查走访，虽然说学生可能对问卷调查方式不是很了解，在学生进行调研之前就必须把相关的要求解释清楚，这培养了他们的科研素养，具体要求如下：问卷要尽可能发放给愿意配合填写的人；每个人只能发放 1 份问卷；为保证问卷的回收率，问卷要求实地发放，现场回收。通过这种方式得到 100 份样本。(3) 随机选择一些企业，对企业的员工进行调研，获得了 100 份样本数据。(4) 随机选择政策工作人员进行调研，通过此种方式得到 100 份样本数据。(5) 通过互联网方式，在问卷星网站上编辑问卷、发放问卷，这种方式比较方便，得到的样本数量较多，共计 200 份调查样本。在我们的调研过程中，为保证调研数据来源真实、可靠，相关注意事项都向相关的调查人员进行了详细讲解。

按照以上调查方式，发放问卷共计 600 份，回收 528 份，有效问卷一共 466 份。问卷的回收率和有效率都为 88%，已经基本满足了本书研究统计分析的要求。如果问卷中存在变量测量题项的个别缺失值的情况，如果对最终的统计结果没有显著影响，我们仍然对此问卷予以保留。如果问卷中存在调研对象基本信息的个别缺失值的情况，在不影响基本信息统计结果的情况下，本书未做特殊处理。此外，本书也进行了调查问卷的信度检验和效度检验，具体检验结果在各个实证研究章节中都予以阐述。

3.3 调研对象的基本情况和湖北省城镇居民绿色消费行为的特征分析

3.3.1 调研对象的基本情况

（1）调研对象的性别分布和年龄分布。本书选取的调研对象男女比例是比较均匀的，在回收的466份有效问卷中，男性有240人，男性居民占到全部调研对象的51.5%，女性有226人，占到全部调研对象的48.5%。在调研对象的年龄分布方面，各年龄层次所占的比例都是大致相当的，分布比较均匀，中青年人占到全部调研对象的55.7%，61岁以上的人比较少。

（2）调研对象的学历水平。由于我们的调研对象是城镇居民，城镇居民具有两方面特点。首先，城镇居民普遍学历水平比较高，具有很强的获取信息、处理信息以及学习能力，再加上学习能力又是一切行为活动的来源，能够促进经验上的学习以及概念上的学习。其次，所受的教育程度越高，往往也具有更强的识别能力、判断能力，也就越能明白进行绿色消费的重要性和作用。同时，受教育程度高的居民具有较深的健康、环保和节约意识，因此，在选择绿色产品方面对于质量的要求就更严格，比较看重绿色产品对于提高生活质量的作用。

在此次调研中，调研对象的学历水平比较高，占比最高的是大学本科/大专学历人群，达到33.6%，而硕士研究生学历的调研对象是最少的，占比仅为16.2%，初中及以下学历的占比达到18.6%。在此次调研中可以发现，大学本科/专科及以上学历的比例要多于高中及以下的比例，而且，大学本科/专科及以上学历的调研对象也以青年人为主，这反映了中国的高等教育在多年的努力下取得了一定成果。

（3）调研对象的婚姻状况。在本次调查中，调查对象的婚姻状况是未婚人数占比为56.2%，已婚人数占比为43.8%，两者的人数比较均衡。

（4）调研对象的月收入。经济学理论研究表明，商品的价值会影响对商品的需求程度，同时，居民的收入水平也会对商品的需求产生影响。一般来说，商品具有的价值越高，城镇居民对商品的需求越大。已有研究表明，城镇居民的收入水平不仅对其消费心理产生直接影响，直接或者间接地对其消费行为造成影响。收入状况决定了城镇居民的消费行为，收入作为消费的基础，在居民消费中起着至关重要的作用。

本次调研的调查对象的月收入具有明显的层次分布，工人和年龄在25岁以下、61岁以上的城镇居民的月收入在3000元以下；25～40岁的企业职员月收入在3000～5000元；教师、医生和科技人员的月收入在5000～10000元；商人和企事业单位高层管理者的月收入最高，在10000元以上。

（5）调研对象的职业。职业和社会分工带来收入差异，不同职业的人，收入也不同，从而造成了社会地位的分化，具有相同社会地位的人形成了社会阶层。不同社会阶层的消费行为也一直是学术界关注的重点，在已有研究成果中可以发现，居民的社会阶层会影响其消费习惯和消费行为，不同社会阶层的居民其消费行为呈现显著的差异性。一般来说，较高社会阶层的居民在消费行为上往往青睐于节约、环保、健康的生活方式。基于此，本次调查就对调查对象的职业进行了划分。从本次调查的结果来看，被调查者的职业分布较为广泛，同时，各类职业人员的比重比较均衡，具有一定代表性。

（6）调研对象所在地区。湖北省作为荆楚文化的主要辐射区，各地区的特色十分鲜明，不同地区在语言、生活习惯方面都呈现出较强的地域特点，本书将以所在地区为控制变量，用以检验地区差异是否会带来绿色消费行为的差别。

在本次调查中，将调研对象所在地区按照湖北省12个直辖市分为武汉市、黄石市、襄阳市、荆州市、宜昌市、十堰市、孝感市、荆门市、鄂州市、黄冈市、咸宁市、随州市12大区域，其中，武汉市和荆州市的调研对象人数最多，分别达到20.6%和19.3%，随州市的调研对象人数最少，仅占5.6%。

(7) 调研对象的生活习惯。每个人生活习惯的形成受到兴趣、爱好以及价值取向的影响，表现在其生活行为的方方面面。在研究设计的问卷中，主要采用抽烟、喝酒和体育锻炼等习惯对生活习惯进行衡量。调查研究显示，偶尔抽烟和完全不抽烟的比重占到调研对象的40.2%，而且抽烟的年龄大多是40岁以上学历水平比较低的人群，在一定程度上反映出政府对吸烟的控制取得了一定成功。在喝酒方面，完全不喝酒的仅占调查对象的11.66%。在体育锻炼方面，每周进行2个小时以上体育锻炼的占比为22.6%，其中，绝大多数都是具有较高学历水平并且收入比较高的男性。

3.3.2 湖北省城镇居民绿色消费行为的特征分析

(1) 湖北省城镇居民对绿色消费的认知态度都较积极。每个个体对消费行为所持有的正面感觉或是负面感觉称之为消费行为态度（Ajzen，1991）。而在本次调研中，大多数调研对象都对绿色消费持积极态度，他们认为其有利于生活水平的提高，持这种观点的比例达到71.5%以上。但是，可能因为中国绿色产业的发展技术还不成熟，因此，许多产品价格偏高，或者质量和耐用度低于预期水平，只有46.2%的调研对象认为其在绿色产品的消费中是安全并且有保障的，而60.9%的调研对象认为购买节能环保型产品、进行废物循环利用是有必要的，持这种观点的受访者的年龄大多集中在40周岁以上。

(2) 城镇居民的绿色消费行为主要受周围人和社会舆论的影响。个人在绿色消费中其消费行为所感受到的包括周围人和社会舆论在内的社会影响，称之为绿色消费行为的主观规范（Ajzen，1991）。根据本次调研，外部环境中的父母、朋友、所崇拜的偶像、舆论宣传和专家的建议、媒体的宣传等都会对城镇居民的绿色消费行为造成影响。

(3) 湖北省城镇居民对绿色消费的预期阻碍适中。人在行动之前往往会根据以往经验和自身能力对可能面临的困难产生心理预期，这种预期称为知觉行为控制。如果在行动之前对自己的能力持肯定态度，则在心理预期上能抓住很多机会，其所预期的阻碍也就会越少，这反映出其对行为的知觉行为控制越强（Ajzen，1991）。经过本次调查研究可以发现，购买绿色产品的便利性、价格、安全性和质量水平因素对于湖北省城镇居民绿色消费行为会带来阻碍。有 50.8% 的受访者认为，在自己家附近就能买到多种类型的绿色产品，36.1% 的调查对象认为在其平时光顾的门店就能够买到绿色产品。目前，绿色产品的价格也是调查对象比较关心的方面，认为绿色产品价格较贵的占比达到 63.8%，和目前中国绿色产业发展过程中所面临的问题也是密切联系的，同时，55.5% 的调研对象表示他们在生活中很少会进行废物循环利用。

（4）湖北省城镇居民对绿色消费的自我效能感较低。人们在开始某一行为之前往往会对自身进行评估，判断自己是否具有完成这一行为的能力，判断中所产生的推断和预测就称之为自我效能感（Bandura，1997）。在调研中，认为自身每天都进行 3 次左右绿色消费的占比达到 33.4%，有信心学会分辨其购买的绿色产品质量好坏的占比达到 35.6%，有信心买到令自己满意的绿色产品的占比达到 33.7%。

（5）湖北省城镇居民绿色消费意愿不高。在本书设计的调研问卷中，湖北省城镇居民绿色消费意愿的测量题项主要参考了格兰茨等（Glanz et al.，1998）、文卡塔什等（Venkatesh et al.，2003）、斯奈霍塔等（Sniehotta et al.，2005）、雅娜·里切特等（Jana Richert et al.，2010）和李（Lee，2011）的研究成果，主要包括当前绿色消费意愿、未来绿色消费意愿和推荐别人进行绿色消费的意愿。经过此次调查研究，发现每天都愿意进行绿色消费的调研对象超过半数，比例达 50.3%，而经常向周围人推荐绿色消费的调研对象占比为 29.1%，未来一年内每天都想进行绿色消费的调研对象占比为 26.4%。这反映了湖北省城镇居民进行绿色消费的意愿并不是很高。

（6）湖北省城镇居民绿色消费行为的总体特征。消费行为是指，组织或个人为了获得其工作和生活中所需要的各种生活资料和生产资料，有意识、有目的地进行搜寻、选择、购买和使用等一系列活动的行为。这些行为主要包括，消费的品种、消费的地点、消费的数量、消费的费用等。在本书设计的调查问卷中，湖北省城镇居民绿色消费行为的测量题项主要参考了马蒂森（Mathieson，1991）、巴塔切吉（Battacherjee，2000）、靳明等（2008）、唐学玉等（2010）的研究成果，包括绿色消费频率和绿色消费量两个题测项，另外，还包括消费的绿色产品类型和绿色产品购买地点两个问题。在调研中，仅有 8% 的调研对象明确肯定过去一个月进行过绿色消费，但是，对于绿色产品的消费量，认为自己每天消费次数在 3 次以上的只占 2.6% 。从以上分析可以得出，湖北省城镇居民进行绿色消费的消费量和消费频率都比较低。

调研对象经常进行绿色消费的类型主要是“节能环保型产品”“节能省地型住宅”“绿色食品、有机食品、有机农产品、无公害农产品”“绿色消费场所”“绿色政府采购”“绿色印刷”“资源回收利用”“居民非基本用水”“居民非基本用电”“拒绝过度包装”“资源性产品”11 种。尽管目前电子商务的发展突飞猛进，在广大人民群众中也得到了认可和普及，但就目前湖北省城镇居民进行绿色消费时，其绿色产品的购买地点仍然以实体店为主，调研中其比例达到 41.6% ，主要原因在于实体店购买方便，而且售后服务比较有保障。选择在网上进行绿色产品消费的占比达到 16.8% ，其对象主要是年轻人和上班族，他们可能比较忙碌或不愿意出门，较少逛实体店，因此，选择了这种新型购物方式。在以超市、批发市场、零售店为主的实体店中，大多数消费者选择在超市购买绿色产品，主要是由于在超市这种大型店铺中，产品质量可以得到较好的保障。

3.4 本章研究结论与讨论

3.4.1 本章研究结论

通过对湖北省城镇居民的绿色消费行为问卷调查发现：很大一部分城镇居民了解绿色消费对于提高生活质量和生活水平、促进社会可持续发展的好处，而且他们都有明确的绿色消费意愿，可是在实际生活中，他们对绿色产品的消费频率和绿色产品的消费量都没有达到设定标准。湖北省城镇居民在进行绿色消费时，其消费习惯会受到朋友、父母、偶像、社会舆论以及新闻媒体的影响，同时，也不排除部分居民的消费习惯会受到周围人的影响；在绿色产品消费方面，绝大多数居民还是在实体店进行消费，但随着电子商务的不断发展，选择在网上购买绿色产品的居民数量越来越多。但总体比较而言，这一比例仍然比较小，大部分湖北省城镇居民认为，当前各类绿色产品价格偏高，同时，对绿色产品的质量安全和耐用度评价较低；绝大多数居民在进行绿色消费过程中，主要选择“节能环保型产品”“节能省地型住宅”“绿色食品、有机食品、有机农产品、无公害农产品”“绿色消费场所”“绿色政府采购”“绿色印刷”“资源回收利用”“居民非基本用水”“居民非基本用电”“拒绝过度包装”“资源性产品”11 种。

3.4.2　讨论

本章的调查数据清晰地反映了湖北省城镇居民对于绿色产品的消费总量偏低。在本章分析中，由于社会宣传力度不强导致人们对绿色消费认知缺乏，进而对其绿色消费行为造成影响。因此，媒体应该发扬自身作用，加强绿色消费知识的宣传，进而提升广大居民对绿色消费的认知水平。

本章对绿色消费行为的分析说服力可能还不够强，主要是因为目前在绿色消费行为测量方面的研究成果比较少，而现有文献中对于绿色消费的具体行为涉及较少，主要的关注点在于绿色消费行为的影响因素，同时，也是本书第四、五、六、七章所要探讨的重点。

第4章

湖北省城镇居民人口统计特征变量对绿色消费行为的影响分析

4.1 引言

早在数千年前，古人就已经认识到保护环境的重要性，在先秦时期的文献里也提出了许多言论，呼吁人们采用环保、节约的生活方式。孟子曾在《寡人之于国也》一文中提出了“斧斤以时入山林，柴木不可胜用也”的概念，要求人们顺应自然生长的方式，追求可持续发展。时代发展至今，尤其是几次工业革命之后，重工业的发展对于地球环境产生了极大破坏，人们逐渐认识到保护环境的重要性，也提出了要求将环境保护行为落实到每个人点点滴滴的行为之中，由此，绿色消费成了一种世界性的潮流①。而保护环境的理念在中国的发展历史虽然源远流长，但结合中国的环境现状以及中外文献的研究可以看出，绿色消费的具体落实，在中国仍旧处于萌芽期（文启湘等，2017）。

21世纪以来，学术界和法律界都渐渐意识到进行绿色消费的重要性，

---

① Elkington J.，Hailes J. The Green Consumer Guide：From Shampoo to Champagne：High-street Shopping for a Better Environment［M］. London：V. Gollancz，1987.

不仅开始逐步建立、健全相关法律、法规体系，对于政府绿色采购、企业绿色生产税收优惠等各个方面都进行了深入探讨。①② 也有越来越多的学者开始对此进行研究，呼吁从每个企业、每个消费者做起，进行绿色生产、绿色消费，才能彻底解决中国的环境问题。③④⑤ 而湖北省作为中国中部地区的枢纽，也是中国重工业发展的重点地区，其居民的生产能力、消费能力更是中国经济发展不可或缺的力量，可以说，湖北省的消费行为在中国的消费体系中承担着重要角色。因此以湖北省城镇居民绿色消费行为的影响因素和影响机制分析为着眼点，对促进中国城镇居民绿色消费的提高具有非常重要的作用。经过对已有文献进行归纳、整理，有少部分中文文献主张中国居民的绿色消费行为受到各地区不同人口统计特征的影响，但是，人口统计特征具体是如何对绿色消费行为产生影响的，其影响机制又是如何的，目前仍没有明确结论。基于此，本章参考了已有研究成果，将研究的重点放在湖北省城镇居民人口统计特征变量对绿色消费行为的影响机制之上。

4.2 人口统计特征变量对绿色消费行为影响的理论回顾与研究假设

4.2.1 本章研究的理论回顾

目前，关于人口统计特征变量与绿色消费行为之间关系的研究仍较少见，虽有一些这方面的文献，但主要是运用简单的描述性统计方法加以分析，所用方法过于简单，而目前关于人口统计特征变量与消费行为之间的

---

① 周国梅，陈燕平，夏光．政府绿色采购制度的政策作用机制［J］．环境保护，2007（16）：41－44.

② 王媛媛．促进绿色消费的税收制度研究［D］．中国海洋大学，2009.

③ 秦丽杰，张郁，周密．试论绿色消费与可持续发展［J］．中国人口·资源与环境，2001（S2）：12－13.

④ 史威，焦锋，李世杰．论我国绿色消费公众参与的环境伦理素质提升［J］．环境科学与技术，2010，33（S2）：566－569.

⑤ 马维晨，邓徐．我国绿色消费的政策措施研究［J］．环境保护，2017，45（6）：56－59.

关系研究已较成熟，理论成果比较丰富。

比如，韦伯斯特（Webster，1975）认为，受过良好教育的人能较好地融入当地社区，遵守行为规范，并能以自身行为影响周围人的行为。范（Van，1980）认为，年轻人、受教育程度高的人、收入较高的人更倾向于环保消费行为。黑伦汀（Herendeen，1981）通过对美国消费者统计调查数据的分析，发现家庭收入显著影响家庭能源需求。何志毅等（2004）运用问卷调查的实证研究方法，验证了人口统计变量与居民可持续消费行为意愿之间的关系，结果表明，女性、受教育程度高的居民、收入低的居民有比较高的可持续消费行为意愿。梅里赫（Merih，2004）采用神经网络模型对加拿大居民能源消费行为进行研究，发现加拿大居民能源消费行为主要包括空间加热和生活热水等，因为高收入的家庭住宅一般都较大，需要使用更多的生活热水，因此高收入家庭能源使用得比较多，收入与能源消费行为呈显著相关关系。埃莱妮（Eleni，2005）则认为，年龄与能源消费行为呈正相关关系。曼弗雷德（Manfred，2006）对印度、巴西、澳大利亚、丹麦等国家的家庭能源消费行为进行了深入研究，结果表明家庭主要成员的年龄正向影响家庭能源消费。王建明等（2007）采用问卷调查的方式实证研究了城市居民的循环型消费行为及其影响因素，研究结果表明年龄越大的居民，循环型消费行为的倾向越明显，家庭人口较多的居民，循环型消费行为的倾向也较明显。辛（Sing，2009）也证实了女性、年龄大的居民、受教育程度高的居民，以及高收入的居民更倾向于实施可持续消费行为。吴佩勋等（2007）对河北省农村连锁商店的居民消费行为进行了研究，结果表明，人口统计特征变量显著影响农村居民的消费动机和商店特征偏好。王蕾等（2010）认为，大学生普遍存在低碳消费意识淡薄的现象，且普遍存在浪费能源等消费行为。龙江智等（2012）通过对中国 15 个城镇 2500 名居民的抽样调查研究，发现人口统计特征显著影响旅游者的旅游模式。华坚等（2013）选择江苏省南京市 525 个家庭作为研究样本，运用实证研究方法进行研究，发现城市居民的年龄、收入、婚姻状况、家庭规模、家庭结构等显著影响其低碳产品消费行为。

通过对以上文献的梳理可以发现，人口统计特征显著影响人们的消费行为，但人口统计特征变量影响湖北省城镇居民绿色消费行为的研究成果则较少见。

4.2.2 本章的研究假设

在一般情况下，人们行为意愿的具体表现和具体行动就是其所采取的行为，行为意愿是影响行为的最直接原因，诸如年龄、性别、受教育程度等个体特征会影响人们的信念、规范等进而影响人们的行为意愿与行为（Fishbein et al.，1974；Bandura，1977；Ajzen，1991）。基于此，本章的湖北省城镇居民人口统计特征对绿色消费行为的影响机制是湖北省城镇居民的人口统计特征变量影响其绿色消费意愿，进而影响其绿色消费行为，这一分析的理论模型，见图 4－1。具体的研究假设如下。

图 4－1 理论模型

资料来源：笔者根据阿耶兹的计划行为理论总结绘制而得。

不同性别的城镇居民在消费行为中的目标选择上有较大差异，由此会导致其消费动机的差异（Melnyk et al.，2009）。男性居民在进行消费时往往呈现出冲动性的消费行为，购买商品时一般都没有耐性（Hafstrom et al.，1992），且男性在社会经济活动中往往承担着主力军的角色，追求新奇、利益最大化、面子、地位的消费行为普遍存在，导致男性的消费行为具有明显的非理性特征，而绿色消费恰恰是需要人们考虑生态资源、环境保护的需求进行的可持续消费行为。非理性行为和理性行为之间存在一定差距，需要我们采用特殊的手段减少或消除这种差距，达到由非理性消费行为向理性绿色消费行为转变。女性居民比男性居民更会考虑生活方式的健康度和持续性，在选择商品时会更青睐于绿色产品，日常消费过程中也会更有节约意识，因此，她们更青睐绿色消费方式。许多女性居民往往会选择绿色有机食品作为其日常的主要食物，也比较倾向于使用节能、环保的家用电器等（裴国洪，2006）。已有实证研究证实，性别的差异会影响消费者的消费意愿和消费行为（Patterson et al.，1991；Sorensen et al.，1998；Drewnowski et al.，1998；Serdula et al.，2004）。最近十年的研究也表明，女性居民因为有更多实现健康生活的意识和知识，因此，她们更多地进行绿色消费（Baker and Wardle，2003；Westenhoefer，2005；Blanck et al.，2008）。由此，提出如下假设。

假设4－1a：不同性别的城镇居民在绿色消费行为上有显著差异。

假设4－1b：不同性别的城镇居民在绿色消费意愿上有显著差异。

不同年龄的城镇居民在消费意愿与消费行为上有较大差异。加奥（Gao，1993）采用因素分析方法对消费者的绿色消费意愿和绿色消费行为进行研究，研究结果表明，消费者的年龄会影响其绿色消费意愿和绿色消费行为；比索哥尼（Bisogni，2002）认为，第二次世界大战期间出生的居民绿色产品消费量比其他人少。诺伊马克（Neumark，2003）在对青年人的绿色消费行为进行研究后发现，青年人相比老年人进行绿色消费的意愿更弱。张小霞等（2006）在研究消费者对于绿色产品的消费行为时发现，消费者的年龄显著影响了其对绿色产品的消费认识和消费行为。罗丞（2010）运用计划行为理论分析了中国福建省厦门市居民对绿色食品、安全食品的消费意愿，在人口统计特征变量中，只有消费者的年龄和收入显著影响其对绿色食品和安全食品的消费意愿。事实上，不同年龄段的城镇居民对世界的认识是有显著差异的，年长的城镇居民不仅会从养生、防病的角度出发，在饮食消费上更倾向于绿色食品，也会从其根深蒂固的节约思想出发，在日常生活中有节能、节水，进行资源回收等行为。而青年人首先，因为对于绿色食品的认知不高，并且年纪尚轻，缺乏养生意识和健康意识，可能更青睐于相比较而言偏于美味而无太多营养的食品；其次，由于其一般对于生活缺乏长久规划，因此，会出现不必要的浪费行为。由此，提出如下假设：

假设4－2a：不同年龄的城镇居民在绿色消费行为上有显著差异。

假设4－2b：不同年龄的城镇居民在绿色消费意愿上有显著差异。

在社会学和文化学研究范畴内，消费是消费主体区分趣味、建构意义、进行文化分类以及社会关系再生产的过程（Moschis et al.，1978）。受教育程度比较高的居民拥有良好的教育背景，会影响其对世界、社会的看法，他们更注重生活质量和健康状况。因此，受教育程度高的居民的消费意愿和消费行为，在大多数时候都会打上其所受的教育和文化的印记。在消费方面，城镇居民在消费过程中决定是否购买某一商品，所考虑的不仅在于其对于自身需求的满足程度，更多地考虑对于环境的利益，以及生态环境的可持续发展。而且，受教育程度比较高的居民信息获得的渠道和途径比较多，更容易了解绿色产品对于促进身体健康的重要作用和进行绿色消费的重要性等方面的信息，因此，他们更容易形成消费绿色产品的意愿或行为。由此，得出如下假设：

假设 4 –3a：受教育程度正向影响湖北省城镇居民绿色消费行为。

假设 4 –3b：受教育程度正向影响湖北省城镇居民绿色消费意愿。

在许多关于消费行为的研究成果中，都提到了婚姻状况与消费行为的关系。比如，克拉特（Kratt，2000）在运用实证方法研究居民家庭的绿色消费行为时，发现已组建家庭的居民比单身的居民更倾向于绿色消费。理查德（Richard，2005）在研究非洲裔美国人的绿色消费行为时，先构建了包括婚姻状况在内的人口统计特征变量的影响机制模型，在运用调查数据对模型进行检验后，发现其他人口统计特征变量对非洲裔美国人绿色消费行为的影响不显著，而婚姻状况对其消费行为的影响较显著。王梦怡等（2014）运用问卷调查的方式研究了新生代农民工消费行为及其影响因素，研究结果表明，婚姻状况对新生代农民工的绿色消费行为都有一定影响。事实上，从逻辑上来说，婚姻状况仅与绿色消费行为存在显著影响，一个家庭对于绿色消费的意识比较强烈，会更多地产生绿色消费行为，相比单身人士，已婚已有子女的消费者会表现出更多的绿色消费行为。由此，得出如下假设：

假设 4 –4a：婚姻状况显著影响湖北省城镇居民绿色消费行为。

假设 4 –4b：婚姻状况显著影响湖北省城镇居民绿色消费意愿。

任何人的消费行为都会受到收入的约束，因此，在研究消费行为的影响因素时，收入对消费行为的影响一直是经济学、管理学研究的主题。经济学中的经典消费行为理论都把收入作为影响消费行为的重要变量，而其他学科也有所涉及。品斯特朗普（Pinstrup，1978）通过对美国人口消费数据的分析，发现收入显著影响居民的消费质量和消费水平。李（Lee，1986）对美国居民家庭绿色消费行为进行了研究，得出了家庭收入对绿色消费意愿有显著正向影响的结论。琼斯（Jones，1996）在对不同收入群体的绿色产品消费情况进行分析后，指出高收入群体的绿色消费行为和低收入群体的绿色消费行为存在显著差异。贝特（Bertail，2008）研究了法国六个不同群体居民的绿色产品消费行为，发现高收入居民的绿色消费意愿更强烈。综合以上分析可以发现，无论是经济学还是其他学科的研究，都证实了收入会影响消费意愿和消费行为。由此，得出如下假设：

假设4－5a：收入显著影响城镇居民的绿色消费行为。

假设4－5b：收入显著影响城镇居民的绿色消费意愿。

计划行为理论认为，所有可能影响行为的因素，都是由行为意愿间接影响行为的表现（Ajzen，1991）。很多研究表明，做出某一行为并不总是经过行为人的反复权衡和理性思考。习惯性的行为是不需要经过理性思考所做出的行为，而是在人的潜意识之中完成的。比如，关灯等一系列重复性的、习惯化的行为，是很少需要理性的行为意向，在我们的生活中类似于这种无意识的行为活动是非常常见的，只有人们在面对新的事情或者比较特殊的情况时，理性的行为才会占据主导地位（Tesser and Shaffer，1990）。同样，情绪类的反应也不需要理性的行为意向，很多都是自发形成的。一个行为能否实现，不仅依靠个人的期望或意向，而且要受一些非动机性的因素影响。比如，机遇、信息技术能力，等等。库克（Cook，2002）在研究绿色产品的消费行为时，也将绿色产品的消费意愿作为中介变量。博热（Bogers，2004）也运用计划行为理论对荷兰居民绿色消费行为进行研究。布兰彻（Blanchard，2009）也认为，消费意愿显著影响消费行为。中文文献在研究消费行为时，基本上是以阿耶兹提出的计划行为理论为框架，都认为各种因素先影响行为意愿，进而间接影响行为（吴淑莺等，2006；刘宇伟，2008；靳明，2008；唐学玉等，2010；金晓彤等，2015）。由此，得出如下假设。

假设4－6：湖北省城镇居民绿色消费意愿显著影响其消费行为。

假设4－7：绿色消费意愿在人口统计特征变量与湖北省城镇居民绿色消费行为关系之间起到中介作用。

4.3 人口统计特征变量对绿色消费行为影响的研究设计与数据分析结果

4.3.1 人口统计特征、消费意愿和消费行为等变量的确定与测量

在本章的研究范围所涵盖的变量，主要有性别、年龄、学历水平、婚

姻状况、收入、绿色消费意愿和绿色消费行为。其中，性别、年龄、学历水平、婚姻状况和收入属于人口统计特征变量，是可以直接测量的显变量。而绿色消费意愿和绿色消费行为属于需要测量的潜变量。

性别变量分为“男”“女”，在录入数据时，0 表示“男”，1 表示“女”，年龄变量是多分类变量，不能直接纳入模型，应引入虚拟变量，在录入数据时，分别引入年龄 1、年龄 2、年龄 3 三个虚拟变量，年龄 1 变量取值 1 表示“25 岁以下”，0 表示“其他”，年龄 2 变量取值 1 表示“25 ~ 40 岁”，0 表示其他。年龄 3 变量取值 1 表示“41 ~ 60 岁”，0 表示其他。婚姻状况变量分为“已婚”和“未婚”两类，在录入数据时，0 表示“未婚”，1 表示“已婚”，收入变量因为是五分类变量，与李克特五点量表相符，因此，直接用 1、2、3、4、5 分别表示“3000 元以下”“3000 ~ 5000 元”“5000 ~ 7000 元”“7000 ~ 10000 元”“10000 元以上”。学历水平是多分类变量，不能直接纳入模型，应引入虚拟变量，在录入数据时，分别引入学历水平 1、学历水平 2、学历水平 3 三个虚拟变量，学历水平 1 变量取值 1 表示“初中及以下”，0 表示“其他”，学历水平 2 变量取值 1 表示“高中/中专”，0 表示其他，学历水平 3 变量取值 1 表示“大学本科/专科”，0 表示其他。

结合之前的理论文献和实践研究中对于行为态度与绿色消费行为相关关系的研究接近空白的事实，根据湖北省城镇居民进行绿色消费的特点，综合考虑各种相关因素，从而设计了测量量表。我们设计了三个针对湖北省城镇居民进行绿色消费可能性的相关问题，其测量维度包括湖北省城镇居民进行绿色消费的频率和消费量等，分别为：（1）“居民进行绿色消费的可能性”；（2）“居民推荐别人进行绿色消费的可能性”；（3）“居民未来绿色消费的可能性”，并运用李克特（Likert）五点量表，为每个问题分别设计了“非常不同意”（代表 1 分）、“不太同意”（代表 2 分）、“一般”（代表 3 分）、“比较同意”（代表 4 分）、“非常同意”（代表 5 分）这五个具有递进性质的选项。

湖北省城镇居民进行绿色消费的行为意愿以及其绿色消费行为这两个变量测量维度与测量题项的研究中所涉及的各个变量的测量维度、测量题项及参考来源，见表 4 - 1。

此外，在本章研究中，我们还综合考虑湖北省城镇居民的具体情况，因此，以地区、职业等作为控制变量，避免因为此类因素对于调查结果产生较为不理想的影响。

关于本书调查问卷的产生与形成，以及调研的具体人员、地区、过程等在第 3 章进行了较为详尽的讲解，在此不再赘述。

表 4－1　　变量测量维度

<table>
<tr><th>变量</th><th>维度</th><th>测量题目</th><th>代表性文献</th></tr>
<tr><td rowspan="3">绿色消费意愿</td><td>居民进行绿色消费的可能性</td><td>我每天都进行绿色消费</td><td rowspan="3">格兰茨等（Glanz et al.，1998）、文卡塔什等（Venkatesh et al.，2003）、斯奈霍塔等（Sniehotta et al.，2005）、雅娜·里切特等（Jana Richert et al.，2010）和李（Lee，2011）</td></tr>
<tr><td>居民推荐别人进行绿色消费的可能性</td><td>我经常推荐周围人进行各种绿色消费</td></tr>
<tr><td>居民未来进行绿色消费的可能性</td><td>未来一年内我每天都想进行绿色消费</td></tr>
<tr><td rowspan="2">绿色消费行为</td><td>绿色消费频率</td><td>在过去一个月内，我每天都会进行绿色消费</td><td rowspan="2">马蒂森（Mathieson，1991）、巴塔切吉（Battacherjee，2000）、靳明等（2008）、唐学玉等（2010）</td></tr>
<tr><td>绿色消费量</td><td>在过去一个月内，我平均每天进行 3 次绿色消费</td></tr>
</table>

资料来源：笔者根据相关文献整理而得。

4.3.2　数据分析与处理结果

在对调查问卷进行回收处理之后，本书先对问卷数据进行了汇总和整理。此后，要求对数据的信度和效度进行分析和汇总。信度一般是指，随机误差 R 影响观测值的程度，而系统误差作为数据的另一种误差，对观测值的影响总是以相同方式进行，不会产生数据内部的不一致性，一般不会对数据的信度产生影响。信度可以用来检验回收数据的一致性、稳定性以及可靠性，而要做好对信度的检验就必须对数据内部的一致性进行分析。一般来说，内部一致性越好，信度系数越高，而信度系数越高，回收数据也就更可靠、更稳定和一致，所以说，信度检验主要是对随机误差 R 值的计算。如果 R＝0，就代表通过该问卷回收的数据是完全可信的。效度是对问卷有效性进行的测量。具体而言，效度是指，测量量表能否对测量对象的实际情况进行准确反映，也就是说，测量量表测量出来的结果是否与测量对象的实际情况相符。如果结果与实际越相符，则说明量表的效度越高；越不相符，量表的效度就越低。

（1）信度检验。基于上文设计的调查问卷得出的数据，并对此进行了实证分析，对于每个变量均得出了相应的 Cronbach's α 值，如表 4 -2 所示。与每个变量所涉及的问题相对应，湖北省城镇居民的绿色消费意愿（CI）通过 3 个指标进行测度、湖北省城镇居民的绿色消费行为（CB）通过 2 个指标进行测度，其 Cronbach's α 值分别为 0. 916 和 0. 857，并且问卷整体 Cronbach's α 值为 0. 863，结合上文关于信度的理论探讨及研究，可以认为其信度较好。

表 4 -2　　　　信度检验数值

构念	观测项	Cronbach's α
消费意愿（CI）	CI1	0. 916
	CI2	
	CI3	
消费行为（CB）	CB1	0. 857
	CB2	

资料来源：笔者根据本书调研数据分析整理而得。

（2）效度检验。信度检验说明了问卷调查结果的可信程度，那么，效度检验则可以说明问卷调查结果的有效性。在本章所采用的实证分析中，运用了主成分因子分析法这一比较成熟、具有说服力的方法，其主要标准为，每个变量的因子载荷需要超过 0. 5（最好超过 0. 7）才能证明其效度性，并且，各个变量的平均方差提取数也以超过 0. 5 为最佳数值。

本章结合已有相关理论研究，分别提取了湖北省城镇居民的绿色消费意愿和湖北省城镇居民的绿色消费行为这 2 个变量的相关效度检验数值，并在下文中进行了展示，分别为取样适切性量数（Kaiser-Meyer-Olkin, KMO）和巴特利特（Bartlett）球状检验值，如表 4 -3、表 4 -4 所示，以及聚合效度检验数值，包括每个观测项的因子负荷以及其综合的平均方差提取（AVE），如表4－5所示。本章研究以因子特征值大于1为检验尺度，而结合表4－3、表4－4中的数据可以看出，其中：①湖北省城镇居民的绿色消费意愿这一变量中，解释方差占总方差的85.668%，而根据其3个指标得出的数据分析结果，其取样足够度的度量值和巴特利特（Bartlett）球状检验值分别为0.756和946.263（其中，df为3、Sig.为0.000）。②湖北省城镇居民的绿色消费行为这一变量中，解释方差占总方差的86.723%，而根据2个指标得出的数据分析结果，其取样足够度的度量和巴特利特（Bartlett）球状检验值分别为0.634和336.264（其中，df为1、Sig.为0.000）。另外，结合表4－5中的数据，可以很清晰地看到，湖北省城镇居民消费意愿下的3个观测项、湖北省城镇居民消费行为下的2个观测项，其因子负荷值均超过了0.7，而其平均方差提取数（AVE）也均超过0.5。综上所述，可以认为本章研究所采用的调查问卷，其效度经过检验，处于较良好的状态。

此外，本章在研究中还考虑到问卷区分效度的问题，从每个变量相对于其他变量的协方差以及平均方差提取数中可以看出，如表4－6所示，湖北省城镇居民的绿色消费意愿平均方差提取数为0.830，湖北省城镇居民的绿色消费行为平均方差提取数为0.821，均大于2个变量之间的协方差0.291。综上所述，可以认为本章研究中所采用的调查问卷，其区分效度经过检验处于较为良好的状态。

表4－3　绿色消费意愿的KMO检验值和Bartlett球状检验值

取样足够度的度量		0.756
Bartlett的球形度检验	近似卡方	946.263
	Df	3
	Sig.	0.000

资料来源：笔者根据本书调研数据分析整理而得。

表4－4　绿色消费行为的KMO检验值和Bartlett球状检验值

取样足够度的度量		0.634
Bartlett的球形度检验	近似卡方	336.264
	df	1
	Sig.	0.000

资料来源：笔者根据本书调研数据分析整理而得。

表 4－5　　聚合效度检验数值

构念	观测项	因子负荷	平均方差提取（AVE）
消费意愿（CI）	CI1	0. 921	0. 830
	CI2	0. 927	
	CI3	0. 878	
绿色消费行为（CB）	CB1	0. 943	0. 821
	CB2	0. 883	

资料来源：笔者根据本书调研数据分析整理而得。

表 4－6　　区分效度检验数值

	CI	CB
绿色消费意愿（CI）	0. 830	
绿色消费行为（CB）	0. 291	0. 821

资料来源：笔者根据本书调研数据分析整理而得。

（3）假设检验。本章主要通过对问卷调查收集的数据进行汇总和梳理之后，运用 SPSS 21. 0 软件对其进行回归分析，从而得出自变量与因变量之间相关关系的结论。此前，先要对数据进行 Anova 方差分析，结果如表 4－7～表 4－12 所示，从而进行回归模型整体显著性检验。而根据表 4－7～表 4－12 所显示的数据，本章研究所用的回归模型，其显著性均达到 0. 000 的水平。这说明，本章所采用的几个变量对于其相关的因变量来说，均能够发生较为显著的影响。并且根据计算所得，每个变量的 VIF 值都小于 10，因此，各个变量之间是不存在多重共线性的。

表 4－7　　模型（4－1）Anova[a]

模型		平方和	df	均方	F	Sig.
模型（4－1）	回归	4. 856	2	2. 562	2. 576	0. 072[b]
	残差	459. 063	462	0. 994		
	总计	463. 919	464			

注：a. 因变量：绿色消费行为；b. 预测变量：地区，职业。

资料来源：笔者根据本书调研数据分析整理而得。

表 4 – 8　　　　模型（4 – 2）Anova[a]

模型		平方和	df	均方	F	Sig.
模型（4 – 2）	回归	240.018	11	20.872	44.426	0.000b
	残差	223.985	454	0.492		
	总计	464.003	465			

注：a. 因变量：绿色消费行为；b. 预测变量：地区，职业，性别，年龄 1，年龄 2，年龄 3，收入，学历水平 1，学历水平 2，学历水平 3，婚姻状况。

资料来源：笔者根据本书调研数据分析整理而得。

表 4 – 9　　　　模型（4 – 3）Anova[a]

模型		平方和	df	均方	F	Sig.
模型（4 – 3）	回归	5.146	2	2.225	2.365	0.066[b]
	残差	459.845	463	0.993		
	总计	464.991	465			

注：a. 因变量：绿色消费意愿；b. 预测变量：地区，职业。

资料来源：笔者根据本书调研数据分析整理而得。

表 4 – 10　　　　模型（4 – 4）Anova[a]

模型		平方和	df	均方	F	Sig.
模型（4 – 4）	回归	374.367	11	35.944	195.801	0.000[b]
	残差	81.613	454	0.179		
	总计	455.980	465			

注：a. 因变量：绿色消费意愿；b. 预测变量：地区，职业，性别，年龄 1，年龄 2，年龄 3，收入，学历水平 1，学历水平 2，学历水平 3，婚姻状况。

资料来源：笔者根据本书调研数据分析整理而得。

表 4 – 11　　　　模型（4 – 5）Anova[a]

模型		平方和	df	均方	F	Sig.
模型（4 – 5）	回归	44.612	3	15.870	15.341	0.000[b]
	残差	421.391	462	0.911		
	总计	466.003	465			

注：a. 因变量：绿色消费行为；b. 预测变量：地区，职业，绿色消费意愿。

资料来源：笔者根据本书调研数据分析整理而得。

表4-12 模型（4-6）Anova[a]

模型		平方和	df	均方	F	Sig.
模型（4-6）	回归	242.583	12	21.132	41.820	0.000[b]
	残差	222.417	453	0.491		
	总计	465.000	465			

注：a. 因变量：绿色消费行为；b. 预测变量：地区，职业，性别，年龄1，年龄2，年龄3，收入，学历水平1，学历水平2，学历水平3，婚姻状况，绿色消费意愿。

资料来源：笔者根据本书调研数据分析整理而得。

经过上述信度检验、效度检验、同源偏差检验和假设检验，我们认为，此次进行的问卷调查得出的数据是可信的、有效的。因此，下文将在此基础上对控制变量和湖北省城镇居民的人口统计变量、湖北省城镇居民的绿色消费意愿以及湖北省城镇居民的绿色消费行为这三个变量进行回归分析，如表4-13所示。可以看出，本次回归分析一共产生了6个模型。其中，模型（4-1）是指，地区、职业、常数项等控制变量相较于湖北省城镇居民绿色消费行为的回归结果，模型（4-2）则是在控制变量的基础之上，将性别（回归系数为0.288）、年龄1（回归系数为0.436）、年龄2（回归系数为0.472）、年龄3（回归系数为0.435）、学历水平1（回归系数为0.387）、学历水平2（回归系数为0.434）、学历水平3（回归系数为0.446）、婚姻状况（回归系数为0.241）、收入（回归系数为0.176）等湖北省城镇居民的人口统计变量纳入而产生的回归结果。从表4-13可以看出，模型（4-1）显示了上述控制变量对于因变量的作用并不太明显，而在模型（4-2）中，加入上述人口统计变量之后，所有结果的显著性值都呈现出 $p<0.001$ 的状态，证明了变量之间的正向关系，由此对于假设4-1a、假设4-2a、假设4-3a、假设4-4a和假设4-5a做出了证明。模型（4-3）是指，地区、职业、常数项等控制变量相较于湖北省城镇居民绿色消费意愿的回归结果，模型（4-4）则是在控制变量的基础之上，将性别（回归系数为0.092）、年龄1（回归系数为0.163）、年龄2（回归系数为0.155）、年龄3（回归系数为0.172）、学历水平1（回归系数为0.093）、学历水平2（回归系数为0.122）、学历水平3（回归系数为0.115）、婚姻状况（回归系数为0.052）、收入（回归系数为0.894）等湖北省城镇居民的人口统计变量纳入进来产生的回归结果。从表4-13可

以看出，模型（4-3）显示了上述控制变量对于因变量的作用并不太明显，而在模型（4-4）之中，加入上述人口统计变量之后，所有结果的显著性值都呈现出 $p<0.001$ 的状态，证明了变量之间的正向关系，由此对于假设4-1b、假设4-2b、假设4-3b、假设4-4b和假设4-5b做出了证明。而模型（4-5）则显示了湖北省城镇居民的绿色消费意愿作为中介变量时与其绿色消费行为之间的回归分析结果，其数值为0.294（$p<0.001$），证明了二者之间的正相关关系，即湖北省城镇居民对于绿色消费的意愿越强，其采取绿色消费行为的可能性越大，由此对于假设4-6做出了证明。

由上文可知，通过对问卷调查的数据进行回归分析，使得本章第二节提出的假设4-1a、假设4-1b、假设4-2a、假设4-2b、假设4-3a、假设4-3b、假设4-4a、假设4-4b、假设4-5a、假设4-5b和假设4-6均得到了验证。此后，本章还提出了假设4-7，湖北省城镇居民进行绿色消费的行为意愿作为一项中介变量，个体的各种人口统计变量能够通过对行为意愿的影响，最终影响其具体行为。为了证明此假设，本章在研究中通过将上述变量一起进行回归，其结果见模型（4-6）。将行为意愿变量加入人口统计变量之后，从得出的回归模型中可以看出，变量系数都发生了一定程度的变化，其对于湖北省城镇居民绿色消费行为的影响呈现了非常明显的降低。因此，可以得出结论，湖北省城镇居民进行绿色消费的行为意愿能够作为一项中介变量，在个体进行绿色消费行为的过程中发生作用，最终影响其具体行为，由此对假设4-7进行了证明。

表4-13　　回归结果

变量		绿色消费行为		绿色消费意愿		绿色消费行为	
		模型（4-1）	模型（4-2）	模型（4-3）	模型（4-4）	模型（4-5）	模型（4-6）
控制变量	常数项	0.005	-2.586	0.275	-2.716***	-0.076	-2.362
	地区	-0.042	-0.016	-0.103	-0.005	-0.045	-0.015
	职业	0.056	0.046	-0.108	0.028	0.075	0.046

续表

变量		绿色消费行为		绿色消费意愿		绿色消费行为	
		模型（4－1）	模型（4－2）	模型（4－3）	模型（4－4）	模型（4－5）	模型（4－6）
自变量	性别		0.288***		0.092***		0.281***
	年龄 1		0.436***		0.163***		0.415***
	年龄 2		0.472***		0.155***		0.455***
	年龄 3		0.435***		0.172***		0.426***
	受教育程度 1		0.387***		0.093***		0.374***
	受教育程度 2		0.434***		0.122***		0.425***
	受教育程度 3		0.446***		0.115***		0.436***
	婚姻状况		0.241***		0.052**		0.238***
	收入		0.176***		0.894***		0.085
中介变量	绿色消费意愿					0.295***	0.107**
	F	2.478	44.417***	2.585	196.802***	16.342***	40.821***

注：**、*** 分别表示 $p<0.05$、$p<0.001$；表中所示为标准化系数，模型中没有出现湖北省城镇居民绿色消费意愿和绿色消费行为等变量的测量维度，主要是因为本章是对变量的整体效应进行研究，没有研究各维度的效应。

资料来源：笔者根据本书调研数据分析整理而得。

4.4 人口统计特征变量对绿色消费行为影响的实证研究结果的讨论

已有大量文献已经证实，性别、年龄等人口统计特征变量能够对消费行为产生显著影响，但是，由于目前学术界对人口统计特征变量对于湖北省城镇居民绿色消费行为影响的研究比较缺乏，有外文文献对人口统计特征变量对于居民绿色消费行为的影响进行了研究，而中文文献较少对人口统计特征变量对于湖北省城镇居民绿色消费行为的影响进行系统性研究，文献普遍采用的是描述性统计分析和方差分析的方法，缺乏对人口统计特征变量对于湖北省城镇居民绿色消费行为影响机制的具体结论。本章通过多元回归分析方法对人口统计特征变量对于湖北省城镇居民绿色消费行为的影响及其机制进行系统性研究，得出城镇居民的绿色消费行为与性别、年龄、婚姻状况、学历水平、收入状况密切相关这一结论。详细来讲，在湖北省城镇居民中，年龄较轻的居民、男性居民以及未婚居民绿色消费的意愿一般较低，因此，这部分人群绿色消费的频率和绿色消费量都比其他居民低。同时，在湖北省城镇居民中，收入水平和学历水平都较低的人群的绿色消费意愿和绿色消费行为，也远远不及收入水平高的人群和学历水平高的人群。

部分外文文献对于性别、年龄、婚姻状况、学历水平、收入等人口统计特征变量影响居民绿色消费意愿和绿色消费行为的原因进行了研究（Baker et al.，2003；Ricciuto et al.，2006；Rasmussen et al.，2006；Riediger et al.，2008；Nepal et al.，2011）。上述文献认为，学历水平是影响居民环保认知的获得和绿色消费不足带来的风险的重要变量；收入对城镇居民的绿色消费行为，主要是影响高收入群体的绿色消费意识和绿色消费行为，以及对绿色产品的价格承受能力；婚姻状况对城镇居民绿色消费行为的影响，主要是因为结婚的居民家庭规模比单身的要大，其他家庭成员的绿色消费行为会带来整个家庭绿色消费意识的增强。在本书的研究中，也对上述原因分析十分赞同。

本章所得出的研究结论，对已有文献中进行绿色消费的性别差异进行了佐证，即男性的绿色消费比女性少（Riediger et al.，2008；Nepal et al.，2011；Baker et al.，2003；Ricciuto et al.，2006）、单身居民的绿色消费相比已婚居民少（Baker et al.，2003；Ricciuto et al.，2006）。学历水平、收入、年龄等因素，都会对湖北省城镇居民绿色消费行为有积极的影响（Baker et al.，2003；Ricciuto et al.，2006；Ricciuto et al.，2006）。本章研究得出，绿色消费意愿作为中介变量对人口统计特征变量与湖北省城镇居民绿色消费行为产生了影响，也就是说，人口统计特征变量能够通过对绿色消费意愿进行影响，从而间接影响绿色消费行为。

本章虽然得到了正面的研究结果，但是，也存在一些局限性：首先，在问卷设计时，由于设置的年龄、收入问题涉及个人隐私，调研对象在进行问卷填写时可能对真实情况有所隐瞒，可能存在虚报年龄、虚报收入的情况，这对调查结果的真实性有所影响，同时，也会影响调研结论。其次，由于本章的研究仅仅对人口统计特征变量的影响进行了分析，在回归模型中并没有考虑其他可能存在的影响因素，这也会对研究结论造成一定影响，但是，在后面的章节，本书将继续探讨其他因素对湖北省城镇居民绿色消费行为的影响，在一定程度上可以弥补这一缺陷。

4.5 本章小结

本章建立在第 3 章对湖北省城镇居民绿色消费行为的描述性统计分析基础上，利用规范的实证研究方法建立研究模型和研究假设，同时，对研究假设进行验证。最后，得出性别、年龄、婚姻状况、学历水平、收入等人口统计特征变量会显著影响湖北省城镇居民的绿色消费意愿和绿色消费行为。人口统计特征变量对消费行为的影响，先是从影响湖北省城镇居民绿色消费意愿开始的，然后，间接影响其绿色消费行为。

第 5 章

生活习惯对湖北省城镇居民绿色消费行为的影响分析

本书第 4 章对性别、年龄、婚姻状况、学历水平、收入对于湖北省城镇居民绿色消费行为的影响进行了研究，本章将对生活习惯对于湖北省城镇居民绿色消费行为的影响及其机制进行研究。

5.1 引　言

生活习惯是个体的情趣、爱好和价值取向决定的生活行为的独特表现形式。每个人可能会有多种生活习惯，可能某种习惯是好的，在另一是不好的。在本章中，我们将生活习惯定义为抽烟、喝酒及从事体育锻炼等。

根据相关资料调查和新闻报道，中国现有烟民较多。由于传统的饮酒文化，中国居民的饮酒量和饮酒人数一直处于高位，酒精过量也会带来一系列健康问题。另外，根据有关资料显示，中国经常参加体育锻炼的人数在 2014 年达到 33.9%，尽管说相比 2007 年的 28.2% 有所上升，但是参与体育锻炼的情况仍然十分严峻。

不良生活习惯的存在对人们身体健康存在极大威胁，对人们的生活会造成影响。那么，不良的生活习惯是否会对人们进行绿色消费造成影响？对这一问题，目前很少有学者涉足，因此，本章重点研究生活习惯对湖北省城镇居民绿色消费行为的影响机制。

5.2 生活习惯对绿色消费行为影响的理论回顾与研究假设

当前，国内学术界对于生活习惯对消费行为影响的研究还比较少，然而，在国外已经有不少相关研究成果出现。外文文献对抽烟、喝酒、体育锻炼等生活习惯对绿色消费行为影响的研究已有成果，但是，都是以其本国居民作为样本，而且，只是单独分析了各种习惯对于绿色消费行为的影响，并未对其影响机制进行分析。

例如，麦克菲利普斯（McPhillips，1994）研究了美国新英格兰地区东南部两个社区居民的生活习惯，调查发现经常抽烟的居民更倾向于不健康、不环保的生活方式，较少进行绿色消费。奥斯勒（Osler，1998）通过对父母抽烟行为对于人们生活习惯的影响，研究发现，经常抽烟的父母会使子女降低绿色消费的意愿。汤普森（Thompson，1999）对居民的生活习惯和健康状况进行调查发现，在绿色消费比较少的人群中普遍都有抽烟的不良习惯。佩雷斯（Perez，2002）对2000～2001年加拿大社区健康数据进行调查分析，得出经常进行体育锻炼、不抽烟、不喝酒的加拿大人日常的绿色消费量会更多。米伦（Millen，2004）对女性生活习惯、抽烟与心脏疾病的关系进行了研究，得出抽烟人不健康、不环保的消费行为更多，而较少进行绿色消费的结论。詹尼弗（Jennifer，2009）通过对美国2540个成年人绿色消费行为的调查，研究发现，每天的绿色消费量没达到政府规定标准的往往是抽烟人群，其原因在于经常性抽烟的人绿色消费意识和环保认知较差。琳达（Linda，2011）对美国超重、肥胖的退伍军人的消费行为进行调查研究，发现烟草使用量越多的人其绿色消费量越少。詹姆斯（James，2011）在研究中发现，美国肥胖女性的绿色消费频率，会因为健康的生活习惯而提高。阿古多（Agudo，2002）、伊斯达昆（Estaquio，2008）发现，抽烟和缺乏体育锻炼会对居民的绿色消费行为产生影响。桑德（Sunday，2011）对加拿大居民社会人口学特征、生活习惯与绿色消费行为的关系进行了研究，得出影响居民绿色消费的决定性因素是社会人口学特征和生活习惯。奥利维拉（Oliveira，2014）通过对葡萄牙波尔图市的 2485 名居民进行调研，分析其成年人的绿色消费行为，得出葡萄牙成年人的绿色消费频率和绿色消费总量不足的原因，是缺乏体育锻炼以及抽烟、喝酒的不良生活习惯。

从上文分析中可以明确，具有缺乏体育锻炼以及抽烟喝酒等不良嗜好的人进行的绿色消费越少，结合目前已有研究结论，虽然很多学者都提出了生活习惯对绿色消费行为的影响，但是，他们研究的重点是对抽烟、喝酒以及体育锻炼等一系列个别因素对绿色消费行为的影响，未以生活习惯作为变量研究其绿色消费行为的影响。基于此，根据第 4 章的研究和本章的上述分析，我们可以提出以下假设。

假设 5 –1：生活习惯对湖北省城镇居民绿色消费行为有显著影响。

假设 5 –2：生活习惯对湖北省城镇居民绿色消费意愿有显著影响。

假设 5 –3：湖北省城镇居民的绿色消费意愿对绿色消费行为有显著影响。

假设 5 –4：绿色消费意愿在生活习惯与湖北省城镇居民绿色消费行为的关系中起中介作用。

基于此，本章建立了一个模型，分析生活习惯对湖北省城镇居民绿色消费意愿的影响机制，从而对生活习惯影响湖北省城镇居民绿色消费行为的具体影响过程和影响路径进行分析，研究模型如图 5 – 1 所示。本章研究采用大样本问卷研究的方法，对这一模型进行验证。

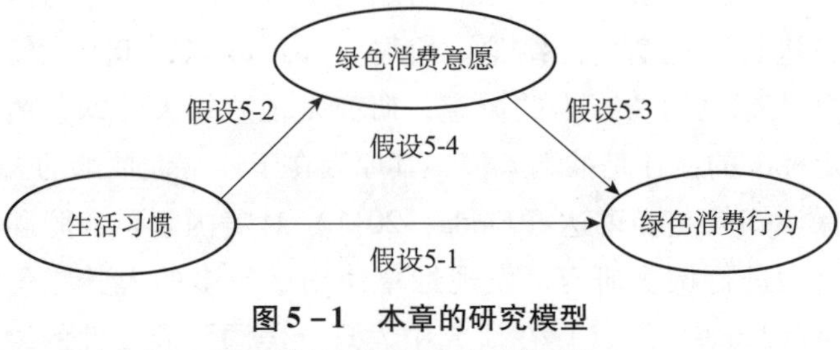

图 5 –1　本章的研究模型

资料来源：笔者根据阿耶兹的计划行为理论归纳绘制而得。

5.3 生活习惯对绿色消费行为影响的研究设计与数据分析结果

5.3.1 生活习惯变量的确定与测量

关于湖北省城镇居民的生活习惯变量的测度与研究，其主要理论是基于桑德等（Sunday et al.，2011）、奥利维拉等（Oliveira et al.，2014）的理论观点与研究成果。并且，基于之前的理论文献和实践研究中对于绿色消费行为态度与绿色消费行为关系的研究接近空白，根据湖北省城镇居民进行绿色消费的特点，综合考虑各种相关因素，设计了测量量表。考虑到知觉行为控制因素的范围效果与重要程度，对于生活习惯变量划分为抽烟、喝酒、体育锻炼三个维度。在此基础之上，我们针对湖北省城镇居民生活习惯变量设计了三个问题，分别为：（1）“我从来不抽烟”；（2）“我从来不喝酒”；（3）“我每周进行 2 个小时以上的体育锻炼” 三个测量生活习惯的题项，并运用李克特（Likert）5 点量表，为每个问题分别设计了“非常不同意”（代表 1 分）、“不太同意”（代表 2 分）、“一般”（代表 3 分）、“比较同意”（代表 4 分）、“非常同意”（代表 5 分）5 个具有递进性质的选项。

关于湖北省城镇居民进行绿色消费的行为意愿及其绿色消费行为两个变量测度与变量研究，本书仍然沿用前文的设定。而本章涉及的各个变量的测量维度、测量题项及参考文献，如表 5－1 所示。

表 5－1　变量测量维度

变量	维度	测量题目	代表性文献
生活习惯	抽烟程度	我从来不抽烟	桑德等（Sunday et al.，2011）、奥利维拉等（Oliveira et al.，2014）
	喝酒程度	我从来不喝酒	
	体育锻炼程度	我每周进行 2 个小时以上体育锻炼	

续表

变量	维度	测量题目	代表性文献
绿色消费意愿	居民进行绿色消费的可能性	我每天都想进行绿色消费	格兰茨等（Glanz et al.，1998）、文卡塔什等（Venkatesh et al.，2003）、斯奈霍塔等（Sniehotta et al.，2005）、雅娜·里切特等（Jana Richert et al.，2010）和李（Lee，2011）
	居民推荐别人进行绿色消费的可能性	我经常推荐周围的人进行各种绿色消费	
	居民未来进行绿色消费的可能性	未来一年内我每天都想进行绿色消费	
绿色消费行为	绿色消费频率	在过去的一个月内，我每天都会进行绿色消费	马蒂森（Mathieson，1991）、巴塔切吉（Battacherjee，2000）、靳明等（2008）、唐学玉等（2010）
	绿色消费量	在过去的一个月内，我平均每天进行3次绿色消费	

资料来源：笔者根据相关资料整理归纳而得。

此外，在本章中，我们还综合考虑湖北省城镇居民的具体情况，以地区、职业等作为控制变量，避免因为此类因素对于调查结果产生较不理想的影响。

关于本书调查问卷的产生与形成，以及调研的具体人员、地区、过程等种种已在第3章进行了较为详尽的讲解，在此不再赘述。

5.3.2 数据分析与处理结果

（1）信度检验。基于上文设计的调查问卷得出的数据，并对此进行实证分析，对于每个变量均得出了相应的克朗巴赫（Cronbach's α）值，如表5-2所示。与每个变量涉及的问题相对应，湖北省城镇居民的绿色消费意愿（CI）通过三个指标来进行测度、湖北省城镇居民的绿色消费行为（CB）通过三个指标进行测度、湖北省城镇居民的生活习惯（LS）通过三个指标进行测度，其克朗巴赫值分别为0.916、0.857、0.966，并且，问卷整体克朗巴赫值为0.863，结合上文关于信度的理论探讨、理论研究，可以认为其信度较好。

表 5 – 2　　信度检验数值

构念	观测项	克朗巴赫值（Cronbach's α）
绿色消费意愿（CI）	CI1	0.916
	CI2	
	CI3	
绿色消费行为（CB）	CB1	0.857
	CB2	
生活习惯（LS）	LS1	0.966
	LS2	
	LS3	

资料来源：笔者根据本书调研数据分析处理而得。

（2）效度检验。信度检验说明问卷调查结果的可信程度，那么，效度检验则可以说明问卷调查结果的有效。本章采用的实证分析中，运用了主成分因子分析这一比较成熟、具有说服力的方法，其主要标准为，每个变量的因子载荷需要超过 0.5（最好超过 0.7）才能证明其效度性，并且，各个变量的平均方差提取数也以超过 0.5 为最佳数值。

本章结合前人理论研究，分别提取了上述湖北省城镇居民进行绿色消费的 3 个变量的相关效度检验数值，并在下文中进行了展示，分别为 KMO（Kaiser – Meyer – Olkin）和巴特利特（Bartlett）球状检验值，如表 5 – 3 ~ 表 5 – 5 所示，以及聚合效度检验数值，包括每个观测项的因子负荷及其综合的平均方差提取（AVE），如表 5 – 6 所示。本章以因子特征值大于 1 为检验尺度，而结合表 5 – 3 ~ 表 5 – 5 中的数据可以看出，其中，①在湖北省城镇居民的绿色消费意愿变量中，解释方差占总方差的 85.668%，而根据其 3 个指标得出的数据分析结果，其取样足够度的度量和巴特利特（Bartlett）球状检验值分别为 0.756 和 946.263（其中，df 为 3、Sig. 为 0.000）；②在湖北省城镇居民的绿色消费行为变量中，解释方差占总方差的 86.723%，而根据其两个指标得出的数据分析结果，其取样足够度的度量和巴特利特（Bartlett）球状检验值分别为 0.634 和 336.264（其中，df 为 1、Sig. 为 0.000）；③在湖北省城镇居民的生活习惯变量中，解释方差占总方差的 94.339%，而根据其 3 个指标得出的数据分析结果，其取样足够度的度量和巴特利特（Bartlett）球状检验值分别为 0.727 和 1809.506（其中，df 为 3、Sig. 为 0.000）。其中，湖北省城镇居民的绿色消费行为取样足够度的度量值为 0.605，低于 0.7 的最好标准值，但与此同时，由于其巴特利特（Bartlett）球状检验值为 336.264，可以认为其显著性处于良好状态。因此，不需要以此拒绝对这一变量的因子分析。另外，结合表 5-6 中的数据，可以清晰地看到，湖北省城镇居民绿色消费意愿下的 3 个观测项、湖北省城镇居民绿色消费行为下的 2 个观测项以及湖北省城镇居民生活习惯下的 3 个观测项，其因子负荷值均超过了 0.7，而其平均方差提取数（AVE）也均超过了 0.5。综上所述，可以认为本章采用的调查问卷，其效度经过检验，处于较为良好的状态。

此外，本章还考虑到问卷的区分效度问题，从每个变量相对于其他变量的协方差以及平均方差提取数中可以看出，如表 5-7 所示，湖北省城镇居民的绿色消费意愿平均方差提取数为 0.826，大于与其他 2 个变量之间的协方差（分别为 0.296 和 0.196）。湖北省城镇居民的绿色消费行为平均方差提取数为 0.827，大于与其他 2 个变量之间的协方差（分别为 0.296 和 0.186），湖北省城镇居民进行绿色消费行为的自我效能感平均方差提取数为 0.922，大于与其他 2 个变量之间的协方差（分别为 0.196 和 0.186）。综上所述，可以认为本章采用的调查问卷，其区分效度经过检验，处于较良好的状态。

表 5-3　湖北省城镇居民的绿色消费意愿的 KMO 值和 bartlett 球状检验值

取样足够度的度量		0.756
Bartlett 的球形度检验	近似卡方	946.263
	df	3
	Sig.	0.000

资料来源：笔者根据本书调研数据分析处理而得。

表 5-4　湖北省城镇居民的绿色消费行为的 KMO 值和 bartlett 球状检验值

取样足够度的度量		0.634
Bartlett 的球形度检验	近似卡方	336.264
	df	1
	Sig.	0.000

资料来源：笔者根据本书调研数据分析处理而得。

表 5－5　湖北省城镇居民的生活习惯的 KMO 值和 bartlett 球状检验值

取样足够度的度量		0.727
Bartlett 的球形度检验	近似卡方	1809.506
	df	3
	Sig.	0.000

资料来源：笔者根据本书调研数据分析处理而得。

表 5－6　聚合效度检验数值

构念	观测项	因子负荷	平均方差提取（AVE）
绿色消费意愿（CI）	CI1	0.916	0.826
	CI2	0.927	
	CI3	0.873	
绿色消费行为（CB）	CB1	0.941	0.827
	CB2	0.869	
生活习惯（LS）	LS1	0.961	0.922
	LS2	0.943	
	LS3	0.979	

资料来源：笔者根据本书调研数据分析处理而得。

表 5－7　区分效度检验数值

	CI	CB	LS
绿色消费意愿（CI）	**0.826**		
绿色消费行为（CB）	0.296	**0.827**	
生活习惯（LS）	0.196	0.186	**0.922**

注：表中黑体数字为各个构念的 AVE 数值。
资料来源：笔者根据本书调研数据分析处理而得。

（3）同源偏差检验。由于本书数据来源是问卷调查，而每一份问卷的所有题项都是由同一个调研对象填写的，因此，问卷的数据中可能会出现同源偏差（common method variance，CMV）问题。为了防止这一问题的出现，在设计调查问卷时就对被试对象使用了被试对象信息隐匿法、题项反向设置及选项重测法等方法，尽可能地规避同源偏差问题。除此之外，我们还运用单因子检测法对汇总后的调查数据进行分析和检验，并将问卷中

5 个变量（湖北省城镇居民的绿色消费行为、湖北省城镇居民的绿色消费意愿、湖北省城镇居民进行绿色消费的行为态度、湖北省城镇居民进行绿色消费的主观规范、湖北省城镇居民进行绿色消费的知觉行为控制）下的所有测度指标一起做了因子分析，未旋转时第一个因子解释的总方差为 18.051%，数值较小。综上所述，可以认为本章所采用的调查问卷，其同源偏差不算严重，不足以影响结果的质量。

（4）假设检验。本章主要通过对问卷调查收集的数据进行汇总和梳理，运用 SPSS21.0 软件对其进行回归分析，得出自变量与因变量之间的相关关系。在此之前，先要对数据进行 Anova 方差分析，分析结果表明本章所用的回归模型，其显著性均达到了 0.000 的水平。这就说明，本章采用的几个变量对于其相关的因变量来说，均能够产生较为显著的影响。根据分析结果所示，每个变量的 VIF 值都小于 10，因此，各个变量之间不存在多重共线性。

经过上述信度检验、效度检验、同源偏差检验和假设检验，我们可以认为此次进行的问卷调查所得出的数据是可信的、有效的。因此，下文将在此基础上对控制变量和 5 个变量进行回归分析，如表 5-8 所示。可以看出，本次回归分析一共产生了 6 个模型，在此之中，模型（5-1）是控制变量对绿色消费行为的回归结果，模型（5-2）则是在控制变量的基础之上，将湖北省城镇居民的生活习惯变量纳入得到的回归结果。从表 5-8 中可以看出，模型（5-1）显示了上述控制变量对于因变量的作用并不太明显，而在模型（5-2）中，湖北省城镇居民进行绿色消费行为的态度相对于消费行为的回归系数为 0.189（$p < 0.001$），说明湖北省城镇居民的生活习惯与其绿色消费行为之间均存在着较为明显的正相关关系，由此对于假设 5-1 进行了证明。另外，模型（5-3）是指，地区、职业、常数项等控制变量相较于湖北省城镇居民绿色消费意愿的回归结果，模型(5-4）则在控制变量的基础之上，将湖北省城镇居民生活习惯变量纳入得到的回归结果。从表 5-8 可以看出，在模型（5-4）中，湖北省城镇居民进行绿色消费行为的态度相对于消费意愿的回归系数为 0.196（$p < 0.001$）。这说明，湖北省城镇居民的生活习惯变量与绿色消费意愿之间均存在较为明显的正相关关系，由此对于假设 5-2 进行了证明。而模型(5-5）则显示了湖北省城镇居民的绿色消费意

愿作为中介变量时与其绿色消费行为之间的回归分析结果，其数值为 0.295（$p<0.001$）。因此，证明了二者之间的正相关关系，即湖北省城镇居民对于绿色消费的意愿越强，其采取绿色消费行为的可能性就越大，由此证明了假设 5－3。

表 5－8　　回归结果

变量		绿色消费行为		绿色消费意愿		绿色消费行为	
		模型（5－1）	模型（5－2）	模型（5－3）	模型（5－4）	模型（5－5）	模型（5－6）
控制变量	常数项	0.005	－2.586	0.275	－2.716***	－0.076	－2.362
	地区	－0.042	－0.016	－0.103	－0.005	－0.045	－0.015
	职业	0.056	0.046	－0.108	0.028	0.075	0.046
自变量	生活习惯		0.189***		0.196***		0.135**
中介变量	绿色消费意愿					0.295***	0.269***
	F	2.478	7.263***	2.585	7.785***	16.342***	14.716***

注：*、**、*** 表示 $p<0.05$、$p<0.001$；表中所示为标准化系数，模型中没有出现湖北省城镇居民的生活习惯、绿色消费意愿和绿色消费行为等变量的测量维度，主要因为本章是对变量的整体效应进行研究，没有研究各维度的效应。

资料来源：笔者根据本书调研数据分析处理而得。

由上文可知，通过对问卷调查的数据进行回归分析，使得本章第二节中提出的假设 5－1、假设 5－2 和假设 5－3 均得到了验证。此后，本章还提出了假设 5－4：湖北省城镇居民进行绿色消费的行为意愿作为一项中介变量，个体生活习惯能够通过对行为意愿的影响，最终影响其具体行为。为了证明此假设，本章将上述 3 个变量一起进行回归，其结果见模型（5－6）：将行为意愿变量加入湖北省城镇居民生活习惯变量中之后，从所得出的回归模型可以看出，均出现了一定程度的改变，其对于湖北省城镇居民绿色消费行为的影响明显降低。因此，可以得出结论，湖北省城镇居民的绿色消费行为意愿能够作为一项中介变量，在个体进行绿色消费行为过程中发生作用，最终影响其具体行为，由此证明了假设 5－4。

5.4 生活习惯对绿色消费行为影响的实证研究结果讨论

虽然说人们都很清楚进行绿色消费不仅对于自身，也对生态环境的可持续发展具有非常重要的作用，但是，城镇居民的绿色消费量仍然达不到既定标准。在实际情况中，湖北省有一部分不经常进行体育锻炼和有抽烟喝酒等不良生活习惯的城镇居民。而生活习惯和绿色消费行为之间是否存在关联性，其关联性又如何？即是本章研究的着眼点。国外对影响绿色消费行为的决定性因素虽然有一定的研究成果，并提出居民绿色消费行为会受到不良生活习惯的影响，但是，这些研究都是通过基本的描述性统计方法进行分析的，而且，都是立足于本国居民，其研究结论对于本书的研究对象——湖北省城镇居民有一定参考作用，但对解释湖北省城镇居民的绿色消费行为还是缺乏足够的说服力。然而，因为国内对这方面的研究比较少，所以，本章重点研究了抽烟、喝酒等不良生活习惯对湖北省城镇居民绿色消费行为的影响及其机制。研究结果表明，生活习惯越不健康，湖北省城镇居民的绿色消费意愿和绿色消费行为就越低。简单来说，有抽烟习惯的居民进行绿色消费的意愿越低，而没有抽烟习惯的居民进行绿色消费的意愿越强；有喝酒习惯的居民绿色消费量比较少，相反，没有喝酒习惯的居民绿色消费量就会更多；不经常从事体育锻炼的居民绿色消费数量比较少，经常从事体育锻炼的居民绿色消费数量更多。

本章研究着眼点在于，不良生活习惯对湖北省城镇居民绿色消费意愿和绿色消费行为的影响，这一研究在中文文献中属于比较少有的，因此其结论对于绿色消费研究具有一定指导意义，但是，在研究中存在的局限性也不可忽视。首先，本章使用抽烟、喝酒和体育锻炼程度对生活习惯进行测量，同时，只用了一个题测项来对这 3 种生活习惯进行测量，虽然说这种测量有一定创新性，同时，也能通过信度检验和效度检验，但其研究结论还需要经过进一步佐证。其次，虽然在回归模型中考虑了职业和地区的控制变量，同时，也对第 4 章得出的结论进行了佐证，但由于回归模型中没有涉及湖北省城镇居民的消费行为态度、主观规范和知觉行为控制等经典的计划行为理论的前因变量，因此，结论的得出说服力较弱。基于此，在第 6 章将重点研究消费行为态度、主观规范和知觉行为控制等因素对湖北省城镇居民绿色消费行为的影响。

5.5 本章小结

本章建立在第 4 章研究的基础之上，通过规范的实证研究方法建立生活习惯对湖北省城镇居民绿色消费行为影响的研究模型和研究假设，同时，验证了研究假设，得出部分人口抽烟、喝酒、体育锻炼等生活习惯因素对湖北省城镇居民的绿色消费意愿和绿色消费行为产生显著影响的结论。生活习惯对绿色消费行为的影响，先是从影响湖北省城镇居民绿色消费意愿开始的，然后，间接影响其绿色消费行为。

第6章

基于计划行为理论的湖北省城镇居民绿色消费行为影响因素分析

本书在第3章对于湖北省城镇居民的绿色消费行为具体特征进行了分析和探讨，并在第4章、第5章对与其相关的影响因素也提出了假设并进行了验证，从而分别提出了影响湖北省城镇居民进行绿色消费的两个因素，即人口统计特征变量和生活习惯变量。结合上文的具体研究可以看出，其均是通过影响湖北省城镇居民实行绿色消费的主观意愿，从而在一定程度上对其绿色消费行为产生影响。虽然人口统计特征变量和生活习惯变量这两个因素，对于湖北省城镇居民实行绿色消费行为来说只存在间接性影响，但此结论对于推动、指引后文的研究也具有一定作用。因此，本章将结合上文的研究结果以及计划行为理论等具体理论，以更宽阔的视野和深入的角度探求湖北省城镇居民进行绿色消费行为的直接影响因素。

6.1 引　言

近年来，绿色消费已经成为社会主流。从本书前面几章的相关内容可以看出，能够对居民实行绿色消费行为施加作用的因素很多。而纵观中外文文献的相关研究，也为这一结论提供了相当大的证明力度，具体来说，包括受教育程度（Dispoto and Kilkeary，1975；Simmon and Widmar，1990）、地区文化（Rich and Marsha L.，1994）、婚否（Papaoikonomou，2011）等各种影响因素。可以看出，上述结论基本上都是以大多数人群的行为特征为研究对象得出的普遍性结果，同时，也有许多研究者以特殊人群为样本，对其绿色消费行为以及影响因素提出假设，并进行了证明，从而得出不同结论。比如，有文献认为，在第二次世界大战期间出生的人，会较少进行绿色消费（Bisogni，2002）。在 20 世纪 90 年代，汤普森（Thompson）也提出对于政治关心程度较低的人群，往往会进行较少的绿色消费。相对而言，目前，学术界比较广为认同的观点是，居民进行绿色消费行为的多少与其年龄大小呈正相关关系。另外，也有许多学者通过调查、比较得出结论，认为居民绿色消费行为的多少与其性别也存在一定关系，女性往往会比男性实行更多绿色消费行为，原因显而易见——在社会的大环境中，女性往往掌握家庭财政大权，负责家庭消费、支出，因此，拥有比较深刻的节约意识，且更倾向于整洁、环保的生活方式，也更会关心健康等方面的知识（Hines，1987；Harland et al.，1999；Chan，2001；Westenhoefer，2005；Poortinga，2004）。而通过结合本书第 4 章、第 5 章的内容以及许多文献的研究也可以得出结论，即维持不健康的生活方式对于居民进行绿色消费行为的数量和频率会起到一定抑制作用和降低作用（Kassarjianr，1971）。另外，居民的受教育背景与学历高低会对其绿色消费行为造成较大影响这一观点，也被许多学者所证明（Rich and Marsha Li，1994；Mainieri Barnett and Valdero，1997）。

上述观点的提出，能够在一定程度上为研究者预测居民未来的绿色消费行为提供方法和思路，通过研究某一地区不同人群进行绿色消费行为的趋势及特征，有利于政府制定合理的计划与政策推动并鼓励居民多进行绿色消费，从而保护环境与资源，实现可持续发展。上述影响因素虽然存在直接、间接的区别，其作用程度也高低不同，但均是经过了调查与实践检验得出的结果，具有学术意义与现实意义。而通过阅读与研讨前人的研究成果，我们同时发现了一些矛盾的观点。例如，前文提到，有学者提出20世纪30年代末40年代初出生的居民进行绿色消费行为的数量和频率都明显低于其他时期，而发展至今，研究样本中那一批居民均已年近耄耋，从个体到总体，很显然能够为年纪较大的人绿色消费行为较少的观点提供论据，同时，也存在很多调查结果证明了年纪较轻的人绿色消费行为比年纪较大的人要少的论点（Kassarjian，1971；Stern，2000；Homer and Kahle，1988）。那么，都是通过调查与实践得出的结论，上述两个结果之间为什么会存在如此明显的悖论呢？比索尼（Bisogni）通过大量学术研究与社会调查，针对此问题提出了合理解释。首先，20 世纪 30 年代末 40 年代初正值第二次世界大战，在此期间出生的人童年时期或少年时期都有过缺衣少食的贫苦经历，因此，他们对于绿色产品不太感兴趣，更抱有享受生活的态度。其次，他们成长过程中绿色消费观念并非社会主流，因此，也会对他们的观点产生影响，由此，便出现了年龄增长与绿色消费行为频率对于不同人群呈现出不同的相关关系这一情况。最后，通过上述问题与合理说明，并结合本书第 4 章关于人口统计变量对于居民绿色消费行为存在影响作用的内容以及第 5 章关于不同生活习惯对于居民绿色消费行为存在影响作用的内容，我们能够合理假设，对于居民绿色消费行为，除上述两章的间接影响因素之外，还存在许多直接影响因素，即存在某种相同特征的居民在进行绿色消费行为时，会有明显的共同特点和共同趋势。因此，本章将基于以上假设继续进行研究。

6.2 行为态度、主观规范、知觉行为控制对绿色消费行为影响的理论回顾与研究假设

研究居民的绿色消费行为，要理解人类行为概念及其相关内容。通过阅读近年来国内外学术界在此方面的理论著作，我们选取了计划行为理论这一结合人类理性思维方式的行为理论为着眼点展开本章的研究。菲什拜因和阿耶兹（Fishbein and Ajzen，1975）提出理性行为理论并在 1980 年进行了完善，在此基础之上，阿耶兹（Ajzen，1998）提出了计划行为理论，将人类行为的发生、改变等与人类的态度、自我行为控制等方面相联系，并研究出其相互之间的关系。

6.2.1 本章研究的理论基础

上文提到，本章将以计划行为理论为基础进行研究和探讨。而要了解

计划行为理论，要认识其前身——理性行为理论（theory of reasoned action，TRA）。理性行为理论主要研究个体行为，认为某个人的某种行为是否会实行，其态度与主观意愿起到了决定性作用。换而言之，即某个人对于某种行为的主观态度和价值观念能够在其是否会实行此种行为的过程中产生关键性影响。并且，基于此种认定，理性行为理论提出了行为态度的概念：即某个人在决定是否做出某行为之前，会对做出此行为所带来的结果有一定预测，结果对于其是有害处还是有利处、所带来的影响是大或是小等方面的思考，都会影响其对于此行为的主观态度和主观看法，而这种经过深思熟虑之后采取的态度也将决定个体是否会实行此种行为。另外，理性行为理论还提出，个体是否采取某种行为，取决于其主观准则（也可称为主观规范）。由于人类是一种群居动物，因此，不可避免地会出现从众心理和跟风行为，将此准则应用于个体行为情况下同样适用，即某个人是否实行某种行为，在很大程度上取决于周围人的态度，以及是否有个体比较信任的人或群体采取了此种行为并对其抱有积极看法。而当行为态度这一偏向于主观态度的看法与主观准则这一偏向于客观影响的因素结合到一起，便产生了行为意向（也可称为行为倾向），从个体考虑是否实行某种行为到其决定是否实行相关行动，并最终形成可以预测的结果。

理性行为理论认为，人是会进行理性思考的，并将此种思想引入对个体行为的研究之中。其假设并证明了人的行为是受其理性思维控制的，也就是说，如果要推动某个人实行某种行为或者阻止其实行某种行为，可以通过影响其行为态度以及主观准则来影响其行为。虽然理性行为理论促进了学术界对于人类个体行为的研讨和认识，但其理论成立的基础是假设研究的个体环境都非常清晰明了、易于掌控，显而易见，这种理想状态下的背景在现实生活中是不可能存在的。面对复杂繁琐、日新月异的政治环境、法律环境、经济环境、社会文化环境以及科技环境，个体行为绝不可能只由其自身的理性思维决定，还会受到很多社会规范和环境因素的制约。因此，阿耶兹（Ajzen，1998）在理性行为理论基础上，结合外部影响因素，提出了更为成熟、更符合实际情况的计划行为理论。

计划行为理论（theory of planned behavior，TPB）产生于 20 世纪 80 年代末，是由理性行为理论的提出者和发展人阿耶兹研究并发展起来的。通过研究理性行为理论在现实中的各种运用，阿耶兹发现，实际情况与通过其理论得出的结果往往并不相符，甚至有时会背道而驰。通过进一步的深入调查和研究，阿耶兹发现，虽然个体意愿在其是否采取某种行为的过程中起着至关重要的作用，但由于外部环境的制约，很多时候个体最终采取的行动与其意愿并不一致。换而言之，个体是否具有能够依照自身意愿采取某种行为的能力，也是一个重要变量。因此，20 世纪 90 年代初，阿耶兹对其之前的种种研究进行了较为全面的总结和完善，并提出了行为控制认知（perceived behavior control）概念，由此形成了计划行为理论。

计划行为理论比较完善而系统地对个体行为进行了探讨和分析，该理论提出个体从产生认知到最终采取某种行为的过程中存在五大要素，分别为：第一，行为意愿（behavior intention），是行为过程的起始点，即个体在最初接触此种行为并对其产生认知时对其抱有的想法，这种想法对于个体考虑是否实施此种行为有着比较重要的作用；第二，行为（behavior），是行为过程的终点，即个体在理性思维作用之下最终采取的行动；第三，态度（attitude），产生于行为意愿之后，个体对此种行为形成了意识和认知，并对其采取这种行为会产生何种影响，以及这种影响对于个体的利弊有了较为深刻而清晰地认识，因此，会对此行为形成一种具有主观倾向性的态度；第四，主观规范（subjective norm）是指，个体对于某种行为有了正确的认知和倾向性的态度之后，判断是否要采取行动，以及在进行过程中是否会受到来自个人或团队（salient individuals or groups）的阻碍或者推动，这些力量的大小，对于行为的最终结果会不会产生较大影响，并将这些都考虑到决策中；第五，知觉行为控制（perceived behavioral control）是指，个体在综合考虑主观因素、客观因素后，从经验、环境等各方面着眼，思考其在采取行为过程中会遇到何种阻碍，阻碍的多少及其影响的大小与知觉行为控制因素往往呈现正相关关系，即阻碍越多，其知觉行为控制力量就越弱；而阻碍越少，其知觉行为控制力量就越强。

由上文对计划行为理论的具体描述可以看出，阿耶兹认为，在个体采取行为的过程中，最重要的是行为意愿，其作为起点和基础，对于整条行为链都有至关重要的作用。而归根溯源，其他几种因素都是通过对行为意愿产生作用从而间接影响个体最终的行为。简而言之，倾向于客观环境影响的主观规范这一因素、倾向于自身心理原因的态度以及与采取行为过程中遇到阻碍的多少成正比的知觉行为控制都与行为意愿有着不可分离的联系。对此，阿耶兹做出了进一步探讨和解释。首先，个体所面临的主观规范、其对于某种行为的态度以及其知觉行为控制能力都与其行为意愿呈现正相关关系，即主观规范越积极、态度越正向、知觉行为控制能力越强，其行为意愿就越强烈。其次，某个人对于其行为控制能力的能力（即知觉行为控制）不是一成不变的，而是随着时间的变化呈现一个不断变化的连续体状态。若将人的行为受其意识控制程度分为1和0两个端点，1代表完全受控制，0代表完全不受控制，那么，其知觉行为控制能力往往处于两个端点之间。即出于理性思维的考虑，不会存在某个人的意志对其行为控制力为0的状况，也不会存在其意志对行为控制力为1的情况。换而言之，即个体行为受个体意志的不完全控制，并且其行为意愿受到知觉行为控制能力的影响且是成正比的。当然，如果此数值处于无限趋近于1的状态，即其知觉行为控制能力已接近最强，或者某个特殊个体在展开某种行为之时并不将其知觉行为控制能力纳入考虑范围，那么，在这种情况下，可以将计划行为理论看作理性行为理论。

通过上述对计划行为理论的解释和分析，我们可以对阿耶兹提出的相关理论模型有比较清晰、深刻的认识，见图6－1。

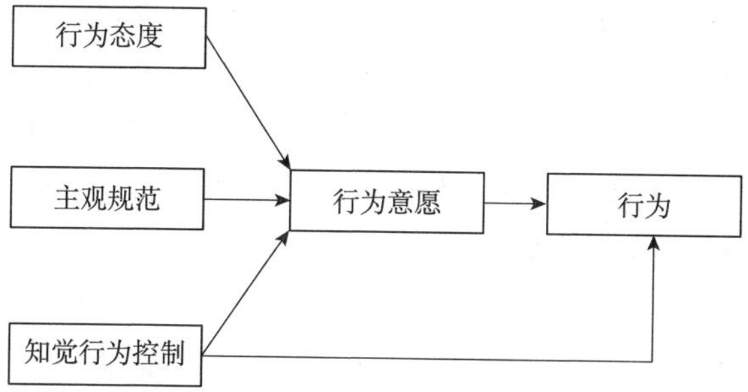

图6－1　计划行为理论的基本模型

资料来源：劳可夫，吴佳．基于Ajzen计划行为理论的绿色消费行为的影响机制［J］．财经科学，2013（2）：91－100.

6.2.2　本章理论回顾

本章涉及的理论主要为计划行为理论，结合上文可知，在个体采取行为过程中，主观规范、态度和知觉行为控制这三个因素通过影响个体的行为意愿从而对个体行为产生作用。因此，本章也着眼于此三个变量，并结合前人的研究进行归纳和探讨。

毫无疑问，个体态度对于个体行为的实施起着相当重要的作用。而作为心理学的重中之重，早在阿耶兹和菲什拜因提出相关研究假设之前，已经有许多心理专家提出并证明了个体态度对于其采取某种行为的重要作用。例如，海德尔（Heider，1958）对此较为关注，并通过一系列理论假设和实证研究提出个体在对某一事物或者行为产生较为正确的认知之后，会对此形成积极或消极的态度，且其态度也会相应地对其行为产生影响。另外，威尔逊（Wilson，1968）通过梳理、归纳前人研究，提出了双重态度理论，认为个体对于某一事物或者行为的态度并不是单一且完全浮于表面的，主张同时存在内隐和外显两种态度的情况，顾名思义，内隐态度往往来源于人的潜意识，可能处于个体本身都未意识到的状态，但是，也会在某些情况下对人们的行为产生较大影响；外显态度即是人们表现出来的、自己能够清晰认识到的态度，并且会对个体行为产生较明显、也较重大的影响。上述研究均认为，个体的态度会对其行为产生一定作用，但并不能够证明个体是否采取某种行为会完全由其态度决定。

虽然在早期理论探讨中，许多研究者都认为态度对于行为的作用是决定性的。但同时，也有许多人通过调查和研究，意识到个体对于某一人或者事物的态度正向与否，并不能够完全决定其采取行为的性质如何。换而言之，态度与行为并不呈现出绝对的正相关关系（La Piere，1934）。而这一假设提出并被证明之后，更多的研究者开始将目光投向态度与行为的相关关系领域。例如，威克（Wicker，1969）通过实证研究方法对上述结论进行了证明。他于1969年进行了大规模问卷调查，并对调查结果进行梳理和分析后提出，很多时候个体行为确实与其态度呈现出不一致的状态。另外，20世纪80年代初，在总结了前人相关结论之后，巴伦（Baron）进行进一步的理论研究，提出个体的态度并不是单一的，而是由情感、认知以及行为等多种因素组合构成的，其中行为是指，个体对于最终是否采取某种行为的心理倾向。

阿耶兹和菲什拜因（Ajzen and Fishbein）在理性行为理论中也提出了行为意愿概念，这对于行为理论来说具有里程碑的意义。而后，态度对于个体行为的选择起间接作用而非直接作用的认知，被学术界普遍认可。并且，两位行为理论学泰斗创造的“态度—意愿—行为”模型也受到了极大认同，计划行为理论从此被奉为圭臬，很多研究者都在此理论提出的五大因素基础上展开了丰富的理论探讨和应用研究。

首先，是在态度方面。21世纪初，弗伦彻（French，2005）通过对计划行为理论等各种理论的重点研究，对于态度的多样性提出相应的见解，即态度由认知、情感两个维度组成。其中，认知维度即人们在采取某种动作之前对于其会产生的结果及结果的性质和影响程度等情况的主观认知；而情感维度即人们对于他想要采取的动作的好恶。同时，弗伦彻也认为，与认知维度这种偏向于客观和理性的态度相比，情感维度在人们采取行为时，往往更能够产生作用。此前，帕克（Park，2000）提出划分态度维度的概念，但与弗伦彻不同的是，其将态度划分为社会维度、个人维度两个维度。显而易见，社会维度是个体考虑在展开某种行动之时会对所处环境中其他人产生何种影响，而个人维度则考虑对于本人会产生的影响。关于这两种维度的高低，帕克并没有提出具体结论，认为是因人而异的。即对于有些人来说，可能会更加考虑采取某种行为对于其自身的利弊，而对于另外一些人来说，他们可能考虑更多的是采取某种行为会不会对他人造成较大影响。

其次，是在主观规范方面。20世纪90年代初期，计划行为理论刚被提出，在学术界激起了较大的浪花，也推动了许多极富意义的研究成果的产生。其中，便有恰尔迪尼（Cialdini，1991）提出的设想，在阿耶兹和菲什拜因（Ajzen and Fishbein，1986）的理性行为理论和计划行为理论基础之上，将主观规范概念进行了细分，提出并解释了下面的两个概念，分别被定义为描述性规范和指令性规范。其中，描述性规范主要是指，个体在其所处环境之中对于旁人行为的感应和认识，而指令性规范则主要是指，个体在其所处环境之中对于旁人是否认同自身所做某种行为的感应和认识。同时，关于行为意愿的范围界定仍是以阿耶兹和菲什拜因（Ajzen and Fishbein，1986）在理性行为理论中提出的观点为学术界主流，即定义为某个人对于采取某种行为的意向以及可能性。而在此基础之上，也有不少研究者对其重新定义。其中，比较具有代表性的看法是沃肖（Warshaw，1985）提出的观点，以及巴戈齐（Bagozzi，2000）提出的观点。前者将明确的计划和清晰的表达纳入行为意愿的界定范围之内；而后者则将行为意愿的范围扩大，包括个体在采取某种行为之前对于主观因素和客观因素的任何考虑，以及对于行为实施可能性的评价和思考。

最后，是在知觉行为控制方面。随着理性行为理论的提出和计划行为理论对其的补充和完善，知觉行为控制这一新兴概念在学术界的热度始终有增无减。20 世纪 80 年代后期阿耶兹通过对之前理论不足之处的考量，创造性地提出知觉行为控制概念。21 世纪以来，经过 20 年的发展和实践检验，越来越多的学者开始将研究重点投入此领域中。其中，包括阿沃拉（Arvola，2008）、维梅尔（Vermeir，2008）对于知觉行为控制维度的划分。二者均认为，知觉行为控制可以划分为两个维度。阿沃拉认为个体对于自身能否采取某种行为的信心和能力；维梅尔则着眼于主观看法，提出了控制信念（control beliefs）和感知便利性（perceived facilitation），分别为个体对于自身能否采取某种行为的影响因素以及完成能力。

由于上述两种理论对于个体行为的实施，都做出了较为系统而有说服力的解释，因此，也成为之后许多研究者在探究个体行为（例如，绿色消费行为）时较为经典而权威的理论框架。不过，纵观国内外学者对于个体行为的研究可以看出，许多人在此基础之上加入了其他影响因素。例如，帕鲁金尼（Perugini，2001）通过实证研究证明，除了计划行为理论涉及的几大因素之外，个体渴望对于个体行为的选择也具有不可忽视的影响。此后，库克（Cook）和菲茨莫里斯（Fitzmaurice）也对计划行为理论进行了相应的扩展和证明。前者通过将自我认同变量纳入之后形成的新模型，能够更准确地对个体行为进行预测；后者则将个体的行为热情纳入变量因素之内，并通过实证研究证明了新模型比原模型的优势。

由此可见，许多学者都在计划行为理论基础之上，加入某一个特殊变量或者某几个特殊变量，并通过研究证明其相对于原模型来说更具说服力，也更能经得起实践检验。同时，还有许多学者梳理并归纳了计划行为理论的相关概念，以及前人对其的扩充和研究，并对这些新加入的变量进行了剖析和概括，从而得出了拓展的计划行为理论模型，见图 6－2。

通过阅读和分析上述理论，我们认为，经过近半个世纪的发展完善，计划行为理论正逐渐趋于较为成熟的状态。而消费作为人类行为的一种，其发展也是适用于计划行为理论的相关研究的。此前，已有许多学者运用此理论对于包括绿色消费行为在内的各种个体消费行为进行了研究（青平和李崇光，2005；吴淑莺，2006；Chen Mei-fang，2007；Hsiu-FenLin，2008；Vermeira，2008；Arvola，2008；刘宇伟，2008），从而得出许多具有学术意义和应用意义的研究成果。因而，本章也将承袭计划行为理论在探究个体消费行为方面的范式，以此模型及其所涉及的变量为基础，对湖北省城镇居民的绿色消费行为展开研究。

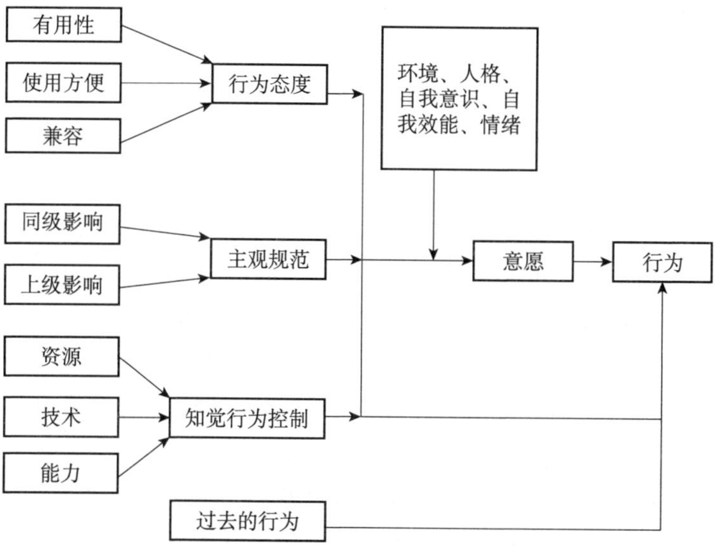

图 6－2　拓展的计划行为理论模型

资料来源：李慧玲．基于拓展 TPB 理论的客舱不安全行为意向影响因素研究［J］．安全，2020，41（5）：52－56，61.

6.2.3　本章的研究假设

（1）湖北省城镇居民绿色消费行为态度与绿色消费行为。关于行为态度的概念及其在个体采取行为过程中所起到的重要作用，在阿耶兹的理性行为理论和计划行为理论中就已经有过比较详尽的叙述，上文已有所涉及，在此不再赘述。通过结合前文及理论界的种种研究，也可以比较清晰明了地看出，不仅是在行为学范畴，包括在社会学领域和心理学领域，态度与行为之间的相关关系也一直是研究的重点内容。个体态度对于其行为的实行能否产生影响，若能产生影响，这种影响的力度如何、二者之间的影响机制如何，等，一直都存在较大争议。其中，早在20世纪60年代末期，威克（Wicker，1969）通过实证研究方式，结合其所做的问卷，证明了二者之间不存在较为明显的关系。但这个结果显然不能为其他学者所信服。在20世纪80年代末，阿梅约（Upmeyer，1989）就对上述观点提出质疑，认为个体态度与行为绝不是不相干的两种事物。行为包括个体从产生认知到进行判断，直到做出决策的整个过程，甚至可以将个体行为看作其态度的潜在表达。斯基卡（Skitka，2004）也认为，人的态度与行为之间不可能毫不相关，提出个体对于事物与行为的态度并非一成不变，而是有高低强弱之分的，若其个人态度足够强烈，就不会被各种主观因素和客观因素左右，此时，态度完全能够影响判断和决策，从而对个体行为的实施产生作用。由此可见，人的行为与态度之间并不是毫无关联的这一观点是被学术界所广泛认可的。伯克威茨（Berkowitz，1986）指出，之所以有时会产生不同的观点，可能是对于态度的范围和概念存在认识偏差。而后，也有许多中外文文献对这一观点进行了进一步解释和证明。比如，张红涛等（2007）的研究指出，人对于某一事物普遍而抽象的态度是不能影响其单一而具体的行为的。所以，近些年来，学术界在关于二者关系的研究之中，往往会对于态度的范围进行事先界定，在对一些偏离性因素进行控制之后，再进行研究和探讨。例如，阿伦兹（Arends，2006）运用上述方法，在对于个体态度与行为之间的相关关系和影响机制进行研究时，对其中的三个因素进行了控制，从而得出了较为清晰、可信的结果：关于私人方面的问题，个体的态度对于其最终采取的行为所起到的影响作用力较大；而关于公共方面的问题，个体的态度对于其最终采取的行为影响力则较小。除此之外，还有很多研究者通过对态度维度的划分得出了不同结果。比如，在21世纪初，谢尔曼和菲斯克（Sherman and Fiske）曾经将态度划分为内隐态度和外显态度两种维度。内隐态度偏向于潜意识，一般不会因为外界因素的影响而发生改变，因此，其对于个体行为的影响程度一般是较高的。综上所述，我们可以得出以下结论：在一般情况下，认为人的态度能够影响其具体行为的决策和实施。在此，提出如下假设。

假设6-1：湖北省城镇居民绿色消费的行为态度与其绿色消费行为之间存在较为明显的相关关系。

（2）湖北省城镇居民绿色消费决策的主观规范与绿色消费行为。

根据阿耶兹在理性行为理论和计划行为理论中的论述，我们可以清楚地认识到主观规范的相关概念，其主要是指，某个人在准备采取某种行为之时对于各种主观因素和客观因素的考量，包括这些因素对于将要展开的行动是否会产生较大的阻力或者推动力，以及其产生影响的程度高低。另外，关于主观规范对个体行为的作用程度与作用机制，阿耶兹进一步提出从上文展示的计划行为理论模型中可以清楚地看出，其通过影响个体的行为意愿从而影响其行为。但此后，也有很多研究者对此提出了不同的观点，他们认为主体规范对于行为来说，可以产生直接性的影响。例如，在 20 世纪 90 年代初，恰尔迪尼（Cialdini）通过实验研究方式对上述观点进行了证明，在其实验过程中，大部分实验对象都会运用自身认识到的主观规范改变自身行为，从而证明了二者之间的影响机制是直接性的。另外，在 21 世纪初，克里斯蒂安（Christian，2002）和奥肯（Okun，2002）各自对于特定范围内的个体对象进行调查和研究。克里斯蒂安以英国南威尔士地区为主要调查区域，研究人们会否为无家可归者提供帮助，而奥肯则采用问卷调查方式研究个体的休闲行为。并且，二者都得出了主体规范与行为之间存在直接性的影响的结论。

另外，中国学者在这方面的研究也颇有建树。例如，通过问卷调查的方式对企业研发团队成员的个体创新行为进行了实证研究，王双龙等（2013）也得出了同样的结果，并且，其根据调查数据，运用跨层次回归方法进行研究和分析，还证明了团队凝聚力与个体创新行为之间的正相关关系。综上所述，我们认为研究个体的主观行为规范，能够较准确地对其行为进行预测。在此，提出如下假设。

假设 6－2：湖北省城镇居民绿色消费的主观规范与其绿色消费行为之间存在较为明显的相关关系。

（3）湖北省城镇居民绿色消费决策的知觉行为控制与绿色消费行为。

根据上文对于理论的描述，我们可知，在其最初的理论概念被阿耶兹在计划行为理论中首次提出后，其在学术界就一直备受关注，之后也有许多学者通过研究证明了其与个体行为之间的关系。知觉行为控制被认为是个体在进行行为决策时的一种心理预期，需要结合过去的经验，预测是否要采取某种行为以及在展开行动过程中是否遇到某些阻碍，且阻碍多少与其知觉行为控制能力呈现正相关关系。例如，斯派诺（Sparrow，1996）对于居民在日常生活中是否会采取健康行为的研究中，对这一概念进行了探讨和证明，并认为知觉行为控制对于个体行为的影响是比较大的，其作用能力可以和行为态度比肩。在21世纪初期，赖安（Ryan，2000）分别针对300名大学生、272名癌症存活者进行跟踪调查，并对调查结果进行了梳理和分析。得出结论，相较于抽象而笼统性的知觉行为控制，若将其进行具体化探讨，则其对于个体行为的影响会更加清晰而直接。

同时，中国学术界对此一直也保持高度重视。例如，林琳等（2014）的实证研究证明知觉行为控制与行为之间的相关关系和影响机制。综上所述，现在学术界认为，知觉行为控制能够对行为产生较大作用。

本书主要探讨湖北省城镇居民绿色消费行为，结合前述理论研究与本书的研究内容，在此将其定义为湖北省城镇居民所理解的影响个体绿色消费行为的各种支持因素或者阻碍因素，包括其进行绿色消费行为的能力高低、消费便利程度以及对于消费带来利弊的看法。显而易见，这三者缺一不可，如果湖北省城镇居民考虑将要进行绿色消费，那么，其一定会思考个体进行消费的能力是否足够、消费是否便利以及进行此种消费是否会为自己的生活带来某种益处。在此，提出如下假设。

假设6-3：湖北省城镇居民绿色消费的知觉行为控制能力与其绿色消费行为之间存在较为明显的相关关系。

（4）湖北省城镇居民绿色消费的行为态度与绿色消费意愿。

根据阿耶兹在理性行为理论和计划行为理论中提出的观点，行为意愿作为一种中介机制，连接着态度与行为。并且，态度通过影响行为意愿从而最终影响行为，而这一观点也被后来的许多研究者证明并完善。20世纪90年代末到21世纪初，这方面的研究呈现“井喷”状态，其中，便有阿尔琼（Arjun，1999）、阿米蒂奇（Armitage，2000）、吉姆（Kim，2000）、加勒森（Garretson，2002）等众多文献。阿尔琼（Arjun，1999）与加勒森（Garretson，2002）分别进行顾客品牌态度与购买意愿研究，阿米蒂奇（Armitage，2000）运用185个样本进行调查研究，吉姆（Kim，2000）对旅游者对于景点文化的认同度与其是否进行纪念品购买行为意愿的实证研究，均证明态度对于行为意愿具有较重大影响。而此后，维梅尔

（Vermeir，2008）结合计划行为理论观点，并对前人的各种研究进行梳理和总结，通过对个体进行绿色产品消费行为的调查分析和实证研究，认为从单一角度来看，态度与行为之间不存在较为明显的相关关系。但如果将社会规范、消费便利程度等几个变量加入研究范围之内，其展示出来的作用和影响能力就较为明显了。扎兰唐尼诺（Zarantonello，2010）也针对个体的绿色产品消费行为做了调查分析和实证研究，以消费者对于绿色产品品牌的态度为自变量，以购买意愿为因变量，最终得出的结果是二者之间存在较为明显的相关关系。除了上文提到的几位研究者之外，还有许多外文文献针对消费者对于某一品牌的态度与其购买意愿之间的关系进行了调查分析和实证研究，并大多得出比较正向的结论（Pavlou，2006；Lam，2007；Cheong，2007）。

而在中国，关于此方面的研究也层出不穷，其中，比较有代表性的包括周应恒（2004）、吴佩勋（2011）的研究以及张远等（2015）的研究。其中，周应恒（2004）所探讨的是绿色消费问题，通过对各种理论梳理、调查分析和理论研究，均证明了消费行为态度对于消费意愿的直接影响能力。综合既有文献的相关研究，在此提出假设。

假设 6－4：湖北省城镇居民绿色消费行为态度与其绿色消费意愿之间存在较为明显的相关关系。

（5）湖北省城镇居民绿色消费决策的主观规范与绿色消费意愿。回顾前文提到的计划行为理论模型，可知主观规范和消费行为态度一样，通过影响行为意愿从而影响个体行为，这一观点被阿耶兹提出之后，也得到了许多文献的关注和研究。例如，在 20 世纪 90 年代中期，泰勒（Taylor，1995）进行个人在接触信息科技之后是否愿意使用的研究，证明个体的主观规范能够有效地影响其行为意愿。21 世纪初，文卡特（Venkatesh，2003）对泰勒（Taylor，1995）的观点进行了展开性研究，并且得出了同样观点。此后，博克（Bock，2002）和意托本（Torben，2004）也分别通过对知识共享行为以及消费渠道变更行为方面的研究，证实了主观规范对于个体行为意愿的有力影响。另外，佩德森（Pedersen，2005）将年龄这一因素纳入考虑范围之内进行研究和探讨，从而得出了在年轻人身上主观规范对于行为意愿的影响程度更明显这一观点。于（Yu，2005）将主观规范的范围扩大，将电视推广这一渠道对于消费者的影响也纳入进来，从而得出了相同结论。

同时，一些中文文献也通过各种方式对于二者之间的相关关系进行了研究。例如，王秀丽（2011），研究消费者运用网络渠道进行的购买行为，崔丽霞（2012）研究青少年对于抑郁的认识，均得出了主观规范会对行为意愿产生显著影响的结论。

上文提到，人类作为一种群居动物，不可避免地会发生社会交往，从而容易产生从众心理。结合本书的研究内容，湖北省城镇地区人流密集、交流众多，由此产生的主观规范会更加显著。在此，提出假设。

假设 6 –5：湖北省城镇居民绿色消费行为的主观规范与其绿色消费意愿之间存在较为明显的相关关系。

（6）湖北省城镇居民绿色消费决策的知觉行为控制与绿色消费意愿。知觉行为控制是近些年来新出现的概念，首次出现于阿耶兹的计划行为理论中，其认为某个人的知觉行为控制能力，会对其行为意愿产生比较显著的作用。自从被提出之后，知觉行为控制就受到了学术界的极大关注，近几十年来，这一结论也一直被许多学者进行研究并证实。20 世纪末到 21 世纪初，在此方面的研究呈现一个小的巅峰，其被广泛地运用于行为学的各个方面。例如，廖（Liao，2000）以饭店员工为对象，对其是否倾向于使用进店信息系统展开了调查，证明系统的可操作性与个体意愿呈现正相关关系。佩德森（Pedersen，2006）结合新出现的电子商务购物渠道展开调查研究，并得出结论，即个体的知觉行为控制能力越高，其行为意愿越强烈。

结合本书调查内容和研究对象，在绿色消费行为意愿方面，根据前文的理论叙述，我们有理由认为，湖北省城镇居民进行绿色消费过程中可能出现的阻碍与其绿色消费意愿之间是有一定联系的，即阻碍越少，绿色消费意愿越强。在此，提出假设。

假设 6 –6：湖北省城镇居民绿色消费行为的知觉行为控制与其绿色消费意愿之间存在较为明显的相关关系。

结合上述六个方面的理论描述和研究分析，在此提出以下假设。

假设 6 –7：湖北省城镇居民进行绿色消费的行为意愿作为一项中介变量，个体进行绿色消费的行为态度、主观规范、知觉行为控制能够通过对行为意愿的影响，最终影响其具体行为。

6.3 行为态度、主观规范、知觉行为控制变量对绿色消费行为影响的研究设计与数据分析结果

6.3.1 行为态度、主观规范和知觉行为控制的确定与测量

结合前文的理论探讨与总结，基于本章在6.2节提出的7个假设，可以较为清晰地认知到，在本章研究中涉及的变量主要有以下5个：湖北省城镇居民进行绿色消费的行为态度、湖北省城镇居民进行绿色消费的主观规范、湖北省城镇居民进行绿色消费的知觉行为控制变量、湖北省城镇居民的绿色消费意愿以及湖北省城镇居民的绿色消费行为。

第一，关于湖北省城镇居民进行绿色消费的行为态度变量的测度与研究，其主要理论是基于阿耶兹（Ajzen，1988）、格林沃尔德（Greenwald，1998）、巴格兹（Bagozzi，2001）、弗伦奇（French，2005）等在此方面的理论观点与研究成果。结合之前的理论文献和实践研究中对于行为态度与绿色消费行为相关关系的研究接近于空白的事实，根据湖北省城镇居民绿色消费的特点，综合考虑各种相关因素，设计了测量量表。并考虑到知觉行为控制因素的范围效果与重要程度，在测量量表设计之初，并未对其维度进行划分。在此基础上，我们设计了4个针对湖北省城镇居民进行绿色消费的行为态度变量的问题，分别为：（1）“我认为多进行绿色消费有利于提高生活水平”；（2）“我认为平时所购买的绿色产品是安全的”；（3）“我认为平时所购买的绿色产品质量是良好的”；（4）“我知道绿色产品有哪些种类”。同时，运用了李克特（Likert）五点量表，为每个问题分别设计了“非常不同意”（代表1分）、“不太同意”（代表2分）、“一般”（代表3分）、“比较同意”（代表4分）、“非常同意”（代表5分）这五个具有递进性质的选项。

第二，关于湖北省城镇居民进行绿色消费的主观规范变量的测度与研究，其主要理论是基于恰尔蒂尼（Cialdini，1991）、阿耶兹（Ajzen，1992）、希夫曼（Schiffman，2000）、弗伦奇（French，2005）等在此方面

的理论观点与研究成果。根据湖北省城镇居民进行绿色消费的特点，综合考虑各种相关因素，设计了测量量表。并考虑到知觉行为控制因素的范围效果与重要程度，在测量量表进行设计之初，并未对其维度进行划分。在此基础之上，我们设计了六个针对湖北省城镇居民进行绿色消费的行为态度变量的问题，分别为：(1)“我的父母喜欢进行绿色消费，所以我也喜欢”；(2)“我最好的朋友喜欢进行绿色消费，所以我也喜欢”；(3)“我最喜爱的明星进行绿色消费，所以我也喜欢”；(4)“专家们提倡进行绿色消费有利于身体健康，所以我时常进行绿色消费”；(5)“周围的人都认为进行绿色消费好，所以我也进行绿色消费”；(6)“新闻媒体宣传进行绿色消费的好处，所以我时常进行绿色消费”。并运用了李克特（Likert）五点量表，为每个问题分别设计了“非常不同意”（代表1分）、“不太同意”（代表2分）、“一般”（代表3分）、“比较同意”（代表4分）、“非常同意”（代表5分）这五个具有递进性质的选项。

第三，关于湖北省城镇居民进行绿色消费的知觉行为控制变量的测度与研究，其主要理论是基于阿耶兹、弗朗西斯等在此方面的理论观点与研究成果。根据湖北省城镇居民进行绿色消费的特点，综合考虑各种相关因素，设计了测量量表。并考虑到知觉行为控制因素的范围效果与重要程度，在对于测量量表进行设计之初，并未对其维度进行划分。在此基础之上，我们设计了五个针对湖北省城镇居民进行绿色消费的行为态度变量的问题，分别为：(1)“在我家的旁边就可以买到符合标准的绿色产品”；(2)“我经常光顾的店铺里面会有大量的绿色产品供应”；(3)“在我家旁边销售的绿色产品价格比较便宜”；(4)“我能分辨买到的绿色产品质量是否过关”；(5)“绿色消费为我的生活提供了便利”，并且运用了李克特（Likert）五点量表，为每个问题分别设计了“非常不同意”（代表1分）、“不太同意”（代表2分）、“一般”（代表3分）、“比较同意”（代表4分）、“非常同意”（代表5分）这五个具有递进性质的选项。

此外，关于湖北省城镇居民进行绿色消费的行为意愿及其绿色消费行为这两个变量的测度与研究，本书未对此提出新的维度，仍然沿用前文。而本章研究中所涉及的各个变量的测量维度、测量题项及参考来源，如表6-1所示。

表 6 – 1　　变量测量维度

变量	测量维度	测量题项	代表性文献
行为态度		我认为多进行绿色消费有利于提高生活水平	阿耶兹（Ajzen，1988） 弗伦奇等（French et al.，2005）
		我认为平时所购买的绿色产品是安全的	
		我认为平时所购买的绿色产品质量是良好的	
		我知道绿色产品有哪些种类	
主观规范		我的父母喜欢进行绿色消费，所以我也喜欢	恰尔蒂尼等（Cialdini et al.，1991） 阿耶兹等（Ajzen et al.，1992） 弗伦奇等（French et al.，2005）
		我最好的朋友喜欢进行绿色消费，所以我也喜欢	
		我最喜爱的明星进行绿色消费，所以我也喜欢	
		专家们提倡进行绿色消费有利于身体健康，所以我时常进行绿色消费	
		周围的人都认为进行绿色消费好，所以我也进行绿色消费	
		新闻媒体宣传进行绿色消费的好处，所以我时常进行绿色消费	
知觉行为控制		在我家的旁边就可以买到符合标准的绿色产品	阿耶兹等（Ajzen et al.，1992） 弗朗西斯等（Francis et al.，2004）
		我经常光顾的店铺里面会有大量的绿色产品供应	
		在我家旁边销售的绿色产品价格比较便宜	
		我能分辨买到的绿色产品质量是否过关	
		绿色消费为我的生活提供了便利	

续表

变量	测量维度	测量题项	代表性文献
绿色消费意愿	居民进行绿色消费的可能性	我每天都想进行绿色消费	格兰茨等（Glanz et al.，1998）、文卡塔什等（Venkatesh et al.，2003）、斯奈霍塔等（Sniehotta et al.，2005）、雅娜·里切特等（Jana Richert et al.，2010）和李（Lee，2011）
	居民推荐别人进行绿色消费的可能性	我经常推荐周围的人进行各种绿色消费	
	居民未来进行绿色消费的可能性	未来一年内我都想进行绿色消费	
绿色消费行为	绿色消费频率	在过去的一个月内，我每天都会进行绿色消费	马蒂森（Mathieson，1991）、巴塔切吉（Battacherjee，2000）、靳明等（2008）、唐学玉等（2010）
	绿色消费量	在过去的一个月内，我平均每天进行3次绿色消费	

资料来源：笔者根据相关文献整理而得。

此外，在本章的研究中，我们还综合考虑了湖北省城镇居民的具体情况，因此，以地区、职业等作为控制变量，以避免因为此类因素对于调查结果产生较不理想的影响。

关于本书调查问卷的产生与形成，以及调研的具体人员、地区、过程等已在第3章进行了较为详尽的讲解，在此不再赘述。

6.3.2 数据分析与处理结果

（1）信度检验。基于上文设计的调查问卷得出的数据，并对此进行了实证分析。对于每个变量均得出了相应的Cronbach's α值，如表6-2所示。与每个变量所涉及的问题相对应，湖北省城镇居民的绿色消费意愿（CI）通过三个指标进行测度、湖北省城镇居民的绿色消费行为（CB）通过两个指标进行测度、湖北省城镇居民进行绿色消费的行为态度（BA）通过四个指标进行测度、湖北省城镇居民进行绿色消费的主观规范（SN）通过六个指标进行测度、湖北省城镇居民进行绿色消费的知觉行为控制（PBC）通过五个指标进行测度。其Cronbach's α值分别为0.916、0.857、

0.931、0.957、0.946，并且，问卷整体 Cronbach's α 值为0.867，结合上文关于信度的理论探讨和研究，可以认为其信度较好。

表6-2　　信度检验数值

构念	观测项	Cronbach's α
绿色消费意愿（CI）	CI1	0.916
	CI2	
	CI3	
绿色消费行为（CB）	CB1	0.857
	CB2	
行为态度（BA）	BA1	0.931
	BA2	
	BA3	
	BA4	
主观规范（SN）	SN1	0.957
	SN2	
	SN3	
	SN4	
	SN5	
	SN6	
知觉行为控制（PBC）	PBC1	0.946
	PBC2	
	PBC3	
	PBC4	
	PBC5	

资料来源：笔者根据本书调研数据分析整理而得。

（2）效度检验。信度检验说明问卷调查结果的可信程度，效度检验可以说明问卷调查结果的有效性。在本章所采用的实证分析中，运用了主成分因子分析这一比较成熟且具有说服力的方法，其主要标准为：每个变量的因子载荷需要超过0.5（最好超过0.7）才能证明其效度性，并且，各个变量的平均方差提取数也以超过 0.5 为最佳数值。

本章结合已有文献在此方面的理论研究，分别提取了上述湖北省城镇居民进行绿色消费的 5 个变量相关效度检验数值，并在下文进行了展示。这 5 个变量相关效度检验值分别为 KMO（Kaiser-Meyer-Olkin）检验值和巴特利特（Bartlett）球状检验值，如表 6 -3、表 6 -4、表 6 -5、表 6 -6、表 6 -7 所示，及聚合效度检验数值，包括每个观测项的因子负荷及其综合的平均方差提取（AVE），如表 6 -8 所示。本章研究以因子特征值大于 1 为检验尺度，结合表 6 -3 ~ 表 6 -7 中的数据以及数据处理结果可知，其中：①湖北省城镇居民的绿色消费意愿变量中，解释方差占总方差的 85.668%，而根据 3 个指标得出的数据分析结果，其取样足够度的度量和巴特利特（Bartlett）球状检验值分别为 0.756 和 946.263（其中，df 为 3、Sig. 为 0.000）；②湖北省城镇居民的绿色消费行为变量中，解释方差占总方差的 86.723%，而根据 2 个指标得出的数据分析结果，其取样足够度的度量和巴特利特（Bartlett）球状检验值分别为 0.634 和 336.264（其中，df 为 1、Sig. 为 0.000）；③湖北省城镇居民进行绿色消费的行为态度这一变量中，解释方差占总方差的 84.125%，而根据其 4 个指标得出的数据分析结果，其取样足够度的度量和巴特利特（Bartlett）球状检验值分别为 0.726 和 2306.159（其中，df 为 6、Sig. 为 0.000）；④在湖北省城镇居民进行绿色消费的主观规范变量中，解释方差占总方差的 83.061%，而根据其 6 个指标得出的数据分析结果，其取样足够度的度量和巴特利特（Bartlett）球状检验值分别为 0.918 和 3346.842（其中，df 为 15、Sig. 为 0.000）；⑤湖北省城镇居民进行绿色消费的知觉行为控制变量中，解释方差占总方差的 82.628%，而根据其 5 个指标得出的数据分析结果，其取样足够度的度量和巴特利特（Bartlett）球状检验值分别为 0.806 和 2881.095（其中，df 为 10、Sig. 为 0.000）。其中，湖北省城镇居民的绿色消费行为取样足够度的度量值为 0.634，低于 0.700 的最好标准值，与此同时，由于其巴特利特（Bartlett）球状检验值为 336.264，可以认为其显著性处于良好状态，因此，不需要拒绝对这一变量的因子分析。

另外，结合表 6 -8 中的数据，可以很清晰地看到，湖北省城镇居民绿色消费意愿下的 3 个观测项、湖北省城镇居民绿色消费行为下的 2

个观测项、湖北省城镇居民进行绿色消费的行为态度下的 4 个观测项、湖北省城镇居民进行绿色消费的主观规范下的 6 个观测项以及湖北省城镇居民进行绿色消费的知觉行为控制下的 5 个观测项，其因子负荷值均超过了 0.700，而其平均方差提取数（AVE）均超过了 0.500。综上所述，可以认为本章所采用的调查问卷，其效度经过检验处于较为良好的状态。

除此之外，本章还考虑了问卷的区分效度，从每个变量相对于其他变量的协方差以及平均方差提取数中可以看出，见表6－9。湖北省城镇居民的绿色消费意愿平均方差提取数为 0.756，大于与其他 4 个变量之间的协方差；湖北省城镇居民的绿色消费行为平均方差提取数为 0.803，大于与其他 4 个变量之间的协方差；湖北省城镇居民进行绿色消费行为态度平均方差提取数为 0.815，大于与其他 4 个变量之间的协方差；湖北省城镇居民进行绿色消费行为的主观规范平均方差提取数为 0.819，大于与其他 4 个变量之间的协方差；湖北省城镇居民进行绿色消费行为的知觉行为控制平均方差提取数为 0.808，大于与其他 4 个变量之间的协方差。综上所述可以，认为本章所采用的调查问卷，其区分效度经过检验处于较为良好的状态。

表 6－3　湖北省城镇居民进行绿色消费的绿色消费意愿的 KMO 值和 Bartlett 球状检验值

取样足够度的度量		0.756
Bartlett 的球形度检验	近似卡方	946.263
	df	3
	Sig.	0.000

资料来源：笔者根据本书调研数据分析整理而得。

表 6－4　湖北省城镇居民的绿色消费行为的 KMO 值和 Bartlett 球状检验值

取样足够度的度量		0.634
Bartlett 的球形度检验	近似卡方	336.264
	df	1
	Sig.	0.000

资料来源：笔者根据本书调研数据分析整理而得。

表6-5　湖北省城镇居民的绿色消费行为态度的 KMO 值和 Bartlett 球状检验值

取样足够度的度量		0.726
Bartlett 的球形度检验	近似卡方	2306.159
	df	6
	Sig.	0.000

资料来源：笔者根据本书调研数据分析整理而得。

表6-6　湖北省城镇居民的绿色消费行为主观规范的 KMO 值和 Bartlett 球状检验值

取样足够度的度量		0.918
Bartlett 的球形度检验	近似卡方	3346.842
	df	15
	Sig.	0.000

资料来源：笔者根据本书调研数据分析整理而得。

表6-7　湖北省城镇居民的绿色消费行为知觉行为控制的 KMO 值和 Bartlett 球状检验值

取样足够度的度量		0.806
Bartlett 的球形度检验	近似卡方	2881.095
	df	10
	Sig.	0.000

资料来源：笔者根据本书调研数据分析整理而得。

表6-8　湖北省城镇居民的聚合效度检验数值

构念	观测项	因子负荷	平均方差提取（AVE）
绿色消费意愿（CI）	CI1	0.875	0.756
	CI2	0.892	
	CI3	0.846	
绿色消费行为（CB）	CB1	0.930	0.803
	CB2	0.859	
行为态度（BA）	BA1	0.810	0.815
	BA2	0.864	
	BA3	0.952	
	BA4	0.967	

续表

构念	观测项	因子负荷	平均方差提取（AVE）
主观规范（SN）	SN1	0.787	0.819
	SN2	0.906	
	SN3	0.946	
	SN4	0.898	
	SN5	0.913	
	SN6	0.948	
知觉行为控制（PBC）	PBC1	0.929	0.808
	PBC2	0.883	
	PBC3	0.823	
	PBC4	0.888	
	PBC5	0.949	

资料来源：笔者根据本书调研数据分析整理而得。

表 6－9　　区分效度检验数值

	CI	CB	BA	SN	PBC
绿色消费意愿（CI）	0.756				
绿色消费行为（CB）	0.296	0.803			
行为态度（BA）	0.254	0.216	0.815		
主观规范（SN）	0.292	0.195	0.173	0.819	
知觉行为控制（PBC）	0.362	0.225	0.137	0.122	0.808

注：表中黑体数字为各个构念的 AVE 数值。

资料来源：笔者根据本书调研数据分析整理而得。

（3）同源偏差检验。由于本章实证分析运用的数据均来自之前的问卷调查。在这种调查方式下，同一问卷的所有问题答案均出自一个参与者，如果问卷的设计不够合理或者在问卷调查过程中有了实施上的差错，很容易出现同源偏差（common method variance，CMV）问题。为了防止这种情况的发生，在调查问卷设计之初，我们就采取了问卷调查对象信息隐匿、题目反向设置和选项重测等各种方法，尽量降低同源偏差出现概率，从而提高问卷数据的质量。此外，我们还运用单因子检测法对于汇总后的调查数据进行分析和检验，并将问卷中5个变量（湖北省城镇居民的绿色消费行为、湖北省城镇居民的绿色消费意愿、湖北省城镇居民进行绿色消费的行为态度、湖北省城镇居民进行绿色消费的主观规范、湖北省城镇居民进行绿色消费的知觉行为控制）下的所有测度指标一起做了因子分析，未旋转时，第一个因子解释的总方差为26.051%，数值较小。综上所述，可以认为本章所采用的调查问卷，其同源偏差不严重，不足以影响结果的质量。

（4）假设检验。本章主要通过对问卷调查的数据进行汇总和梳理之后，运用SPSS21.0软件对其进行回归分析，从而得出自变量与因变量之间相关关系的结论。在此之前，要对数据进行Anova方差分析，结果如表6-10～表6-15所示，从而进行回归模型整体显著性检验。而根据表6-10～表6-15中显示的数据，本章所用的回归模型，其显著性均达到了0.000的水平。这说明，本章所采用的这几个变量对于其相关的因变量来说，均能够发生较为显著的影响。并且数据分析结果显示，每个变量的VIF值都小于10，因此，各个变量之间是不存在多重共线性的。

表6-10　　模型（6-1）Anova[a]

模型		平方和	df	均方	F	Sig.
模型（6-1）	回归	4.856	2	2.562	2.576	0.072[b]
	残差	459.063	462	0.994		
	总计	463.919	464			

注：a. 因变量：绿色消费行为；b. 预测变量：地区、职业。

资料来源：笔者根据本书调研数据分析整理而得。

表6-11　　模型（6-2）Anova[a]

模型		平方和	df	均方	F	Sig.
模型（6-2）	回归	52.446	5	10.486	11.612	0.000[b]
	残差	410.972	455	0.903		
	总计	463.419	460			

注：a. 因变量：绿色消费行为；b. 预测变量：地区、职业、行为态度、主观规范、知觉行为控制。

资料来源：笔者根据本书调研数据分析整理而得。

表 6－12　　模型（6－3）Anova[a]

模型		平方和	df	均方	F	Sig.
模型（6－3）	回归	5.146	2	2.225	2.365	0.066[b]
	残差	459.845	463	0.993		
	总计	464.991	465			

注：a. 因变量：绿色消费意愿；b. 预测变量：地区、职业。

资料来源：笔者根据本书调研数据分析整理而得。

表 6－13　　模型（6－4）Anova[a]

模型		平方和	df	均方	F	Sig.
模型（6－4）	回归	109.143	5	21.826	27.968	0.000[b]
	残差	355.098	455	0.780		
	总计	464.241	460			

注：a. 因变量：绿色消费意愿；b. 预测变量：地区、职业、行为态度、主观规范、知觉行为控制。

资料来源：笔者根据本书调研数据分析整理而得。

表 6－14　　模型（6－5）Anova[a]

模型		平方和	df	均方	F	Sig.
模型（6－5）	回归	44.612	3	15.870	15.341	0.000[b]
	残差	421.391	462	0.911		
	总计	466.003	465			

注：a. 因变量：绿色消费行为；b. 预测变量：地区、职业、绿色消费意愿。

资料来源：笔者根据本书调研数据分析整理而得。

表 6－15　　模型（6－6）Anova[a]

模型		平方和	df	均方	F	Sig.
模型（6－6）	回归	64.684	6	10.781	12.276	0.000[b]
	残差	398.736	454	0.878		
	总计	463.420	460			

注：a. 因变量：绿色消费行为；b. 预测变量：地区、职业、行为态度、主观规范、知觉行为控制、绿色消费意愿。

资料来源：笔者根据本书调研数据分析整理而得。

经过上述信度检验、效度检验、同源偏差检验和假设检验，我们认为此次问卷调查得出的数据是可信的、有效的。因此，下文将在此基础上对控制变量和五个变量进行回归分析，如表6－16所示。可以看出，本次回归分析一共产生了六个模型，其中，模型（6－1）是指，地区、职业、常数项等控制变量对于湖北省城镇居民绿色消费行为的回归结果，模型（6－2）则是在控制变量基础上，把湖北省城镇居民进行绿色消费的行为态度、湖北省城镇居民进行绿色消费的主观规范以及湖北省城镇居民进行绿色消费的知觉行为控制3个变量纳入回归结果。从表6－16中可以看出，模型（6－1）显示上述控制变量对于因变量的作用并不太明显，而在模型（6－2）中，湖北省城镇居民进行绿色消费的行为态度相对于消费行为的回归系数为0.168（$p<0.001$）、湖北省城镇居民进行绿色消费行为的主观规范，相对于绿色消费行为的回归系数为0.133（$p<0.001$）、湖北省城镇居民进行绿色消费的知觉行为控制相对于消费行为的回归系数为0.189（$p<0.001$）。这说明，3个变量与绿色消费行为之间均存在较为明显的正相关关系，由此对于假设6－1、假设6－2以及假设6－3进行了证明。另外，模型（6－3）是指，地区、职业、常数项等控制变量相对于湖北省城镇居民绿色消费意愿的回归结果，模型（6－4）则是在控制变量基础上，把湖北省城镇居民进行绿色消费的行为态度、湖北省城镇居民进行绿色消费的主观规范以及湖北省城镇居民进行绿色消费的知觉行为控制3个变量纳入回归结果。从表6－16可以看出，在模型（6－4）中，湖北省城镇居民进行绿色消费的行为态度相对于消费意愿的回归系数为0.176（$p<0.001$）、湖北省城镇居民进行绿色消费行为的主观规范相对于消费行为的回归系数为0.217（$p<0.001$）、湖北省城镇居民进行绿色消费的知觉行为控制相对于消费行为的回归系数为0.311（$p<0.001$）。这说明，3个变量与绿色消费意愿之间均存在较为明显的正相关关系，由此对于假设6－4、假设6－5以及假设6－6进行了证明。而模型(6－5)则显示了湖北省城镇居民的绿色消费意愿作为中介变量时与其绿色消费行为之间的回归分析结果，其数值为0.295（$p<0.001$），证明了二者之间的正相关关系，即湖北省城镇居民对于绿色消费的意愿越强，其实行绿色消费行为的可能性越大。

由上面可知，通过对问卷调查的数据进行回归分析，使得本章6.2节提出的假设 6－1 ~ 假设 6－6 均得到了验证。此后，本章还提出了假设 6－7：湖北省城镇居民进行绿色消费的行为意愿作为一项中介变量，个体进行绿色消费的行为态度、主观规范、知觉行为控制能够通过对行为意愿的影响，最终影响其具体行为。为了证明此假设，本章将上述 4 个变量一起进行回归，其结果如模型（6－6）所示。将行为意愿变量加入湖北省城镇居民进行绿色消费的行为态度、湖北省城镇居民进行绿色消费的主观规范以及湖北省城镇居民进行绿色消费的知觉行为控制 3 个变量中后，从得出的回归模型中可以看出，行为态度、主观规范、知觉行为控制分别由 0.168 降低为 0.135、由 0.133 降低为 0.091、由 0.189 降低为 0.128，其对于湖北省城镇居民绿色消费行为的作用力明显降低。因此，可以得出结论，湖北省城镇居民进行绿色消费的行为意愿作为一项中介变量，在个体进行绿色消费行为过程中发生作用，最终影响其具体行为，由此对假设 6－7 进行了证明。

表 6－16　　回归结果

变量		绿色消费行为		绿色消费意愿		绿色消费行为	
		模型（6－1）	模型（6－2）	模型（6－3）	模型（6－4）	模型（6－5）	模型（6－6）
控制变量	常数项	0.005	－2.586	0.275	－2.716***	－0.076	－2.362
	地区	－0.042	－0.016	－0.103	－0.005	－0.045	－0.015
	职业	0.056	0.046	－0.108	0.028	0.075	0.046
自变量	行为态度		0.168***		0.176***		0.135**
	主观规范		0.133**		0.217***		0.091**
	知觉行为控制		0.189***		0.311***		0.128**
中介变量	绿色消费意愿					0.295***	0.185***
	F	2.478	11.615***	2.585	27.967***	16.342***	12.274***

注：**、***表示 $p<0.05$、$p<0.001$；表中所示为标准化系数，模型中没有出现湖北省城镇居民的行为态度、主观规范、知觉行为控制、绿色消费意愿和绿色消费行为等变量的测量维度，主要是因为本章是对变量的整体效应进行研究，没有研究各维度的效应。

资料来源：笔者根据本书调研数据分析整理而得。

6.4 行为态度、主观规范、知觉行为控制对绿色消费行为影响的实证研究结果的讨论

总结上文的理论探讨可知，在阿耶兹的计划行为理论中，其提出的计划行为理论模型显示了某个人在采取某种行为时，会受到其行为态度、主观规范、知觉行为控制和行为意愿 4 个变量的多重影响。阿耶兹在理性行为理论基础上，创造性地提出了知觉行为控制概念，此观点一经发表，就引起学术界的热烈讨论。此后，在许多学者的研究中，不断地得到证明和充实。虽然在此方面的探讨已经较为完善而成熟，但纵观中外文文献不难发现，关于这些变量对于居民绿色消费行为的作用机制研究以及相关论述仍然较少。之前，虽然有一些外文文献对于居民绿色消费行为进行研究和探讨，如，理查德（Richard，2005）、詹妮弗（Jennifer，2009）、德汉（Dehghan，2010）、奥利维拉（Oliveira，2014）等，虽然将个体态度、环境影响等部分因素作为变量纳入考虑范围内，但只是运用了计划行为理论所提出的 4 个变量之中的某一个变量或者某几个变量，并没有进行系统而全面的研究。而一些中文文献也运用计划行为理论的相关成果对于个体消费行为的决策与预测进行了探讨，包括王建明（2007）、李崇光（2005）、靳明（2008）、唐学玉（2010）等，但大多是单一且片面地运用了计划行为理论中提到的变量，且多集中于绿色食品的消费、低碳消费行为等领域，很少涉及绿色消费行为。本章结合中外文文献的相关研究成果，以计划行为理论模型为基础，通过对调查问卷的数据进行多元回归分析，对湖北省城镇居民绿色消费行为的影响机制进行了探讨。结果证明，湖北省城镇居民进行绿色消费的行为态度、主观规范和知觉行为控制三个变量与其绿色消费行为之间均存在正相关关系。再加上绿色消费行为意愿在其中起到的中介作用，我们可以得出以下结论。湖北省城镇居民进行绿色消费的行为态度越正向、其在消费过程中遇到的阻碍越少、其所处环境对于绿色消费行为的促进作用越强，居民就会产生强烈的绿色消费意愿，从而推动其绿色消费行为。

具体来说，湖北省城镇居民如果对于绿色消费行为采取比较正向的态

度，认为多多进行绿色消费，有利于提高其生活质量，且采取这种节约、环保、健康的生活方式是符合社会主流的，其就会考虑实行绿色消费行为，从而增强其实行绿色消费行为的意愿，因此，湖北省城镇居民进行绿色消费的行为态度与其绿色消费行为之间存在正相关关系。而上文中提到，人类作为一种群居动物，有着很强的从众心理，这一点在湖北省城镇居民身上也能够得到很好的体现，当绿色消费行为成为某个群体中的主流，或者有个体比较信任的人进行了绿色消费并对其评价比较正向，居民进行绿色消费行为的可能性就会增强。因此，湖北省城镇居民进行绿色消费的行为态度与其绿色消费行为之间存在正相关关系。另外，如果湖北省城镇居民在进行绿色消费过程中，不存在较大的障碍，甚至存在相当的便利性，也会推动居民绿色消费行为的实施。因此，湖北省城镇居民进行绿色消费的知觉行为控制与其绿色消费行为之间存在正相关关系。

本章虽然通过理论叙述和回归分析，证明了湖北省城镇居民在进行绿色消费过程中，其行为态度、主观规范和知觉行为控制都会对最终结果产生较为正面的影响，具有一定的学术意义和现实意义，但同时也不可避免地存在一定局限性。首先，在设计阶段，对于湖北省城镇居民进行绿色消费的行为态度、湖北省城镇居民进行绿色消费的主观规范和湖北省城镇居民进行绿色消费的知觉行为控制三个变量，并没有进行相应的维度划分，而是着眼于整体效应。但根据前人的理论研究和实证结果，不同维度下的研究可能会出现不同结果，因此，这种情况可能会对本章实证研究得出结果的精确程度产生一定负面影响；其次，本书主要着眼于上述三个变量对于湖北省城镇居民绿色消费行为的影响机制，但显而易见，若结合现实情况，个体行为绝对不可能只受到这三个因素的影响，而这三个因素在产生影响时，也绝对不可能只代表其自身，事实上还有许多其他变量可以对其产生较大影响，本章并未能对此进行深入探讨。不过，在后文中，我们将把部分其他因素纳入湖北省城镇居民的绿色消费意愿与绿色消费行为之间关系的考虑范围中，因此，能够适当地对此局限进行弥补。

6.5 本章小结

本书在第 4 章讨论了人口统计特征变量对于湖北省城镇居民进行绿色

消费行为会产生何种影响，在第 5 章则探讨了生活习惯变量与湖北省城镇居民进行绿色消费行为之间的相关关系。本章在上述基础之上，结合阿耶兹在 20 世纪 90 年代初提出的计划行为理论，针对湖北省城镇居民的绿色消费行为、湖北省城镇居民的绿色消费意愿、湖北省城镇居民进行绿色消费的行为态度、湖北省城镇居民进行绿色消费的主观规范以及湖北省城镇居民进行绿色消费的知觉行为控制围绕五个因素提出了七个假设。并运用前期问卷调查的数据进行回归分析，对这些假设进行了验证，从而得出结论：湖北省城镇居民进行绿色消费的行为态度、湖北省城镇居民进行绿色消费的主观规范以及湖北省城镇居民进行绿色消费的知觉行为控制三个变量，能够显著影响湖北省城镇居民的绿色消费行为和湖北省城镇居民的绿色消费意愿；并且，这三个变量还可以通过湖北省城镇居民的绿色消费意愿这一中介变量，最终影响湖北省城镇居民的绿色消费行为。

第 7 章

自我效能感在湖北省城镇居民绿色消费意愿与消费行为关系上的调节作用分析

前文以实证研究方式，通过人口统计特征变量、生活习惯变量以及基于计划行为理论的行为态度变量、主观规范变量和知觉行为控制变量等对湖北省城镇居民绿色消费行为的影响机制进行了研究。在研究中，都是假设绿色消费意愿能够对湖北省城镇居民绿色消费行为产生显著影响，假设的提出是建立在计划行为理论和其他已有研究成果的基础之上。然而，目前在大部分关于个体行为方面的研究中，都假定个体意愿的改变会引起个体行为的改变（Sniehotta，2009），但是，并不会时时刻刻都按自己的意愿行事，可能有意向产生但并不会付诸行动。举例来说，很多女性都想减肥（意愿），但是真正开始运动健身（行为）的人却很少，也就是说，减肥的意愿并没有转化为运动健身的行为。原因可能是，拥有一颗想要减肥的心，但是，由于没有每天坚持运动和锻炼的毅力，使得减肥的意愿并没有转化为健身的行动。也就是说，毅力在减肥意愿和运动健身行为之间起到了调节作用。基于此，本章对湖北省城镇居民的绿色消费行为进行研究，着重研究在湖北省城镇居民将绿色消费意愿转化为绿色消费行为过程起到调节作用的变量及其调节效应。

7.1 引 言

在绝大多数关于个体行为的研究中，都是以个体意愿引起个体行为作为基本假设前提的，但也有一些研究结果表明，个体意愿并非全部都可以直接转化为个体行为，有时并没有直接转化（Weinstein，1989；Tierney et al.，2002；Trouilloud，2006；Pringle，2010）。因此，可能还存在能够促进个体意愿向个体行为转化的其他因素。目前，已有研究成果明确指出，在个体行为意愿和个体行为之间存在中介变量。比如，自我效能感，也就是说，个体意愿有时会通过对自我效能感的影响来间接影响个体行为（Schwarzer，2008）。自我效能感对个体意愿和个体行为的影响机制，也可能包括调节机制或被调节的中介机制。

中介变量对于研究行为的改变如何发生非常重要。在分析其中介效应时，需要研究改变机制有效性的作用范围，研究调节效应时就要引入调节变量（MacKinnon and Luecken，2008）。中介效应是指，一个影响是如何发生和作用的，换句话说，就是一个自变量通过一个中介变量影响因变量；调节效应是指，要满足什么条件，自变量才能够更好地预测因变量，即在什么情况下，或者是对哪些群体来说。

个体行为意愿越强烈，个体就越可能采取某种行为，但这种关系并不是任何时候都能被满足的。因此，可能还存在其他因素对个体行为意愿与个体行为之间的关系造成影响，在调节个体行为意愿与个体行为之间关系时就经常会利用自我效能感变量。经过对已有研究成果进行归纳和整理，发现了个体自我效能感的调节作用，特别是作用于对绿色消费意愿与绿色消费行为之间关系的显著性（Mata et al.，2010）。这主要是因为个体不够自信，经常对自身行为活动产生怀疑，没有足够的信心将个体意愿向个体行为转化。然而，自我效能感高的人一般都比较积极，乐观和自信会使他们的意愿向行为直接转化。基于此，本章将自我效能感作为调节变量，研究湖北省城镇居民绿色消费意愿与绿色消费行为之间的关系，是科学合理且可行的。

7.2 自我效能感的理论回顾与研究假设

7.2.1 研究的理论基础

（1）自我效能感内涵。自我效能感的概念诞生于 20 世纪 70 年代，班杜拉（Bandura，1986）作为新行为主义理论的代表人物和社会学习理论的领军人物，研究、总结并完善了前人在行为学、心理学方面的研究成果，在其《思想和行动的社会基础：社会认知论》（*Social Foundations of Thought and Action：A social congnitive Theory*）中，创造性地提出了上述观点。班杜拉（1986）指出，自我效能感主要体现在某个人考虑采取某种行为时，对于自身是否具备完成这种行为的能力所作出的预测。而这一观点一经提出，一石激起千层浪，掀起学术界新的热潮，发展至今已经近半个世纪，与其相关的理论仍层出不穷。心理学、社会学、行为学等各个领域的学者都通过自身的理论探讨与实证研究，对此理论进行了丰富与完善。但是，由于各种原因，目前，理论界未对自我效能感概念给予普遍认可，也未给予明晰的内涵界定，因此，在运用其进行实证研究时，尚不存在能够被学术界普遍接受的量表。

班杜拉（1986）在提出自我效能理论的同时，也对于如何衡量其大小提出了相应观点：自我效能感并不是普遍而平均的，会因人而异，也会因所处环境的不同而发生变化。班杜拉（1986）认为，某个人是否采取某种行为、如何展开此种行为，会受到结果因素和先行决策因素的影响。其中，结果因素相当于斯金纳（Skinner）在过程型激励理论中提出的强化概念。但是与强化理论的观点不同，班杜拉并不认为强化能够对个体行为起到非常大的决定作用。班杜拉认为，某个人对于自身是否要采取某种行为的预测和决定与强化程度不可能呈现出完全的正相关关系，在其行为认知和学习过程中，即使没有强烈的刺激和感应，也可能会出现足够影响其行为发生和改变的因素。当然，班杜拉也没有完全否定强化在个体行为实践过程中的影响力度，在班杜拉的观点之中，强化与行为之间的相关关系与影响机制要被正确认识到，并且对其产生期望，其后，才会对个体的行为产生影响。另外，期望概念在班杜拉理论中的定义，也与传统心理学存在一定差别。但是，结果方面的期望，还包括其对于实施此行为时会产生何种效能的良性预测。而深究二者的区别，我们可以看出，在结果方面的期望相较而言是单方面的，强调结果至上，如果某个人在考虑是否实施某种行为时，认为会带来较有利的结果，其可能就会实施与之相关的行动，反之，若此人认为采取这一行动带来的结果可能不够令人满意，那么，其实施行动的可能性就比较低了。而在效能方面的期望，则更多地加入了自我信赖因素，有时即使采取某种行为会产生较好的结果，但是个体预测自己不存在达到目标的能力，很可能最后会做无用功，此时他的"自我效能感"较低，会阻止其实施行动。反之，对于一件可能带来较好结果的事情，如果个体有信心，认为自己拥有完成的能力，那么，此时他就会拥有较高的自我效能感，展开行动。梳理上述理论可以看出，在班杜拉的研究中，其认为在某些特定情况下，自我效能感对于个体是否采取某种行为，能够起到直接和较大的影响作用。

班杜拉创造性地提出自我效能感概念后，并未裹足不前，而是展开了对其影响机制的研究，并相应地提出五个因素，包括替代经验（vicarious experiences）或模仿、情绪唤醒（emotion arise）、言语劝说（verbal persuasion）、个体过去的成败经验（direct experiences）和情境条件（situational conditions），下文将对此一一进行解释和探讨。首先，替代经验或模仿，从他人经历中获取对于事物的认知及经验一直是人类的智慧，班杜拉也相当认同这一点，同时，班杜拉提出，若要保证这种经验适用，需要身处与其相同的条件，并且与其拥有相似的自身条件。其次，情绪唤醒，也可以看作人类对于外界刺激的反应。班杜拉认为，情绪唤醒与人的自我效能感存在一定相关关系，若外界刺激较强烈，可能会对个体的自我效能感产生不利影响。再次，言语劝说，这一因素对于自我效能感的作用力自然不用多言，若个体对于旁人有比较大的信任度或者其言语劝说基于事实、较为中肯，那么，也很容易对个体的自我效能感产生较大影响。另外，还包括个体过去的成败经验，古语说"吃一堑、长一智""一朝被蛇咬、十年怕井绳"，由此可以看出，个体经验对于其自我效能感的作用力度是极大的。一般来说，个体的成功经验与其自我效能感呈正相关关系，而其失败经验则与自我效能感呈现负相关关系。可以说，在这五个影响因素中，个体过去的成败经验对于自我效能感的作用力度是最强的。另外，其对于自我效能感的影响，也取决于对于结果产生的原因如何归纳。例如，某个人在某一件事情上取得了成功，但他将原因完全或者大部分归于外部因素，那么，这种成功经验对于其自我效能感的提高作用较小；反之，如果其将失败的原因归于外部因素，那么，此次失败的经验对于其自我效能感的降低作用也可以忽略不计。最后，是情境条件，其对于自我效能感的影响也是很显而易见的。环境优劣与自我效能感的高低，明显地呈现出正相关关系，这一观点从前人许多研究和文献中能够得到较充分的证实。

此外，班杜拉还对自我效能感的作用做了相应解释和探讨。班杜拉认为，自我效能感不仅会影响某个人对于某种行为的预测和决定，还会影响行为的坚持能力、遇到阻碍时的态度、行动实施过程中的情绪等各个方面。对此，班杜拉也做出了较为具体的解释和说明，即自我效能感较高的个体，在做出行为决策时往往会更加坚定，并且更习惯坚持，面对困难也不容易退缩，甚至将实施行动的过程当作一种享受，从而始终保持高昂的情绪和饱满的信心；反之，自我效能感较低的个体，在做出行为决策时则常常掂轻怕重、犹豫不决，自信心不足，很容易因为小的困难和阻碍就选择放弃，也很容易陷入负面情绪中，从而带来失败的结果。

近年来，关于自我效能感的研究越来越呈现出系统化、成熟化的特点，目前，在此方面，学术界比较认可的有两个流派：非特质取向流派、特质取向流派。其中，非特质取向派别的主要观点是自我效能感并不是一成不变的，而在不同情况下展现出不同的特点；特质取向流派则相信，自我效能感是一种比较稳定的特质，不会随情况的变化而发生变化。另外，关于自我效能感的构造也有不同观点，一部分学者认为，其维度是单一的，另一部分学者则认为其维度是多重的，特质取向流派是目前学术界广泛认可的观点。

在班杜拉提出自我效能感概念伊始，其主要被应用于对个体行为的研究。而随着在个体方面的理论观点渐趋成熟，班杜拉等又开始对其进行深入研究，将其应用于集体行为的研究，从而扩展和完善了自我效能感概念内容，也产生了集体效能概念。结合上文的理论描述，我们很明显地认识到，集体效能与个体效能相对应，主要是指对于某一团体能否完成某种行为的预测。班杜拉还指出，集体效能并不能被看作单纯的个体效能相加的总和，不是简单的“一加一等于二”，而是一种动态过程，是需要结合体之间各个成员的相互理解和相互作用。在这种情况下，一加一可能大于二、可能等于二、也可能小于二。近年来，虽然个体效能方面的理论研究已经趋于系统化、理论化，但是，关于集体效能方面的理论研究仍处于起步阶段，集体效能以个体效能为基础慢慢形成了一些理论和观点，但又与其有很大不同。因此，这些空白还有待于后来者进一步探讨和研究。

（2）调节变量的理论解释。我们对于变量概念已相当熟悉，因此，需要在此基础上提出调节变量概念。由于现实所面临的环境往往复杂多变，任何研究都不可能考虑所有影响因素和适用范围并预测其可能发生的变化，一个理论若要成立，就必须有其适用的特定环境，因此，需要事先对一些影响因素进行界定和约束。由此，产生了波普尔（Popper）的证伪主义，即无论多么具有普遍性和适用性的科学理论，总会存在某些个别例子推翻其成立的可能性，但是也不能由此否定理论存在的意义，而是在理论形成之初，对于其使用范围以及适用条件的认知不够明确。因此，我们在研究一个理论时，需要对其存在、适用的先决条件进行充分考虑和界定。波普尔（Popper）的证伪主义原则对于理论的科学性进行了阐述，而拉卡托斯（Lakatos）则对此做了进一步分析和调整，拉卡托斯在波普尔（Popper）的基础上，将假设和边界条件也归入理论的主体内容之中。拉卡托斯提出，如果某个科学理论被事实很轻易地推翻了，不一定就证明这一理论的观点是错误的，如果修正其假设条件和边界条件从而使理论能够适用，那么，此理论的核心就是正确的；若调整了假设条件和边界条件之后，也不能使理论成立，此时再考虑校正其理论内核才是正确的做法。因此，调节变量是指，改变某一科学理论存在的假设条件和边界条件，从而扩展、完善已有的科学理论。因此，调节变量能够使理论存在的范围更加准确、清晰，可以使理论更丰富和成熟。

既然调节变量的作用如此之大，我们就更应该对其内涵和运作机制进行深刻了解和清晰地认知。为了更准确地定义内容，在此引入数学知识。简单来说，调节变量是一种第三者变量，能够影响自变量对于因变量的解释能力。比如，在静止的水面上，一艘船到达目的地的时间可以用路程除以其平均行驶速度，但是在顺流时或者逆流时，单纯用路程除以平均行驶速度得出的结果往往与具体情况不相符合。此时，水流的状态就可被称为调节变量，需要对其进行假设限制或者条件限制，才能得出更准确的结果。如果要使上述等式成立，毫无疑问，需要加上在水流静止的状态下这一边界条件。延伸到本研究的内容，即可以用下列语言进行条件限制，如在何种情况之下或者对于什么群体来说。例如，金克曼和吉布森（Kikrman and Gibson，2004）等曾运用此种方法，这些学者在加入了许多假设限制和条件限制的前提下研究了团队授权问题，通过阅读和探讨前人文献，他们分析出团队授权与团队绩效之间是存在一定正相关关系的。但是，面对面交谈的次数这一调节变量却常常在中间产生影响，从而使得这种关系不成立，在此基础上，他们提出了一个假设："团队中面对面交谈的次数会调节团队授权与团队绩效（顾客满意度）之间的关系。在面谈次数较少（虚拟程度高）的团队中，团队授权与顾客满意度之间的关系较强；而在面谈次数较多（虚拟程度低）的团队中，团队授权与顾客满意度之间的关系较弱"，其具体的调节作用模型，如图7-1所示。根据此模型，我们显而易见地看到，"面对面交谈的次数"这一变量并不与"团队授权"这一调节变量产生直接关系，也不能作用于"虚拟团队绩效"，而是通过影响二者之间的相互关系从而影响研究的最终结果。

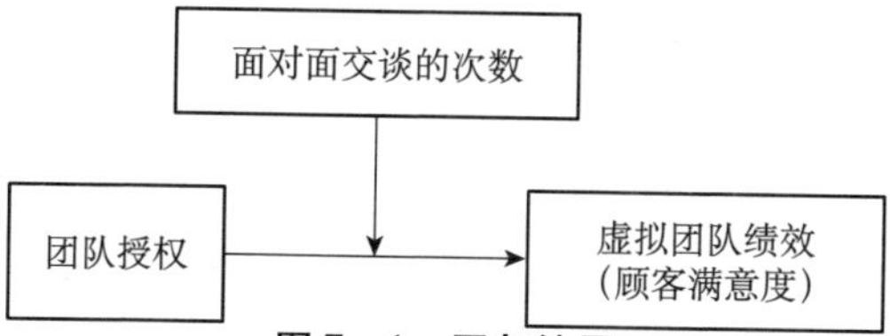

图7-1 回归结果

资料来源：笔者根据金克曼和吉布森（Kikrman and Gibson，2004）等的相关理论归纳绘制而得。

基于以上的理论梳理和观点论述，本章将会研究在加入了何种调节变量之后，湖北省城镇居民的绿色消费意愿对于湖北省城镇居民的绿色消费行为的作用力会发生较为明显的改变。

7.2.2 理论回顾与研究假设

自从自我效能感概念提出，就广受学术界追捧，社会学、组织行为学、心理学等领域的专家学者对这一概念产生了浓厚兴趣，都开始涉足这一理论进行广泛而深入的研究。麦道斯（Maddux，1980）研究认为，自我效能感是一种性格特征，存在于在人与人之间或者是人与事之间交流互动的过程。阿什顿（Ashton，1986）对自我效能感的定义为，单一个体的一种心理状态，是对特定情形作出的心理反应。兰丁（Landine，1998）运用组织行为学理论，赋予自我效能感广泛而实用的内涵，即自我效能感是指，每一个单独个体对自身能力的自我肯定所产生的信心和信念，能够让人在特定情境下，使自身知识、能力、资金和时间等得到最大程度的、最有效率的发挥，从而完成特定目标。

目前，在自我效能感有关的研究中，一般都是将自我效能感作为前因变量、中介变量和调节变量。

在将自我效能感作为前因变量的有关研究中，一般有如下观点。麦克唐纳（Mcdonald，1992）将技术人员作为调查对象，发现技术人员的自我效能和组织承诺以及工作满意度都呈明显的正相关关系，同时，和工作倦怠、离职倾向呈现明显的负相关关系。罗伯森（Robertson，1993）通过现场研究的方式，对管理者的自我效能感和工作绩效的关系进行了积极探索。罗伯森的研究结果表明，管理者的自我效能感对于其工作绩效的影响是十分重大的。厄利（Earley，1994）研究得出，自我效能感越高其团队的工作绩效也会随之提高。瓦哈（Jawahar，2008）在实证研究后得出结论，任务绩效会受到自我效能感的显著影响，同个体具有的其他能力相比，自我效能感对于任务绩效的影响是最明显的。布鲁索（Brusso，2012）在研究实践中得出结论，在学员培训中如果改变以追求单一的目标结果作为培训目标的模式，而将着眼点放在提升学员的自我效能感上，那么，学员在后期就会有极大的能动性，其表现和绩效会有质的飞跃。这进一步说明，培训的成功与学员自我效能感的提升是密切相关的，因此，制定切实可行的培养目标，提升自我效能感是培训成功最重要的环节。

在将自我效能作为中介的有关研究中，有如下观点。吉梅森（Jimmieson，2000）将自我效能感作为中介变量，对压力下员工的行为控制反应进行研究。主要研究的相关因素着眼于工作控制、自我效能感以及角色冲突等方面，对员工的工作满意度、身体健康和心理获得感进行探索，得出自我效能感对工作效果、工作满意度以及身心健康正向积极的影响作用。帕克（Parker，2001）在研究中指出，在情境因素和主动性行为之间，员工的心理认知是起到中介作用的。情境因素建立在员工信任的基础之上，员工的心理认知状态是自身的自我效能感，所以说，中介变量应该包括员工自身的自我效能感。魏涛台（Wei - Tao Tai，2006）通过对自我效能感、训练架构及受训动机对于受训者训练效能的影响进行研究。其以 126 名员工的电脑软件操作及设计的课程学习状况为研究对象，研究发现，在课程学习过程中，自我效能感和受训机会都会影响学员自我能力的发挥，对于学习的反应和学习成果的转化和应用都起到了重要作用。

在将自我效能感作为调节变量的相关研究中，有如下观点。胡贝尔（Huber，1984）在研究中得出，发生在人际交往中的自我效能感能够促进目标的设定和达成。洛克（Locke，1984）表示，当某一个体对自身能力缺乏信心，难以完成既定目标，往往会倾向于放弃原先设定目标；反之，如果这一个体对自身的能力有足够的信心，那么，就会有莫大的工作激情，工作表现好也会愿意为目标付出不懈努力，即使遇到困难也不会阻碍其目标的完成，因为其拥有昂扬的斗志和信心，会将工作持续进行下去。利特尔（Little，1997）在调查了企业员工自我效能感的工作调节作用之后，得出自我效能感能够对员工控制工作的水平与欲望产生影响，自我效能感也会对工作压力的大小造成影响。勒平（LePine，2005）在研究中指出，自我效能感在调节挑战性、阻断性压力与结果变量关系中的作用机制，将会是未来研究的重点。西乌（Siu，2007）认为，每个个体自我效能感的差异所反映出的其面对工作压力时的表现不同，从而产生了不同的情绪和行为。在巨大的工作压力之下，员工的身心健康和工作满意度都会遭受损害，而自我效能感就起到了极大的调节作用，不仅对于员工自身的身心健康，同时，对其工作都会产生积极影响。谢和拉姆（Xie and Lam，2008）通过工作特征模型对不同特征个体的适应性进行了研究，得出控制点、自我效能感等个体特征在其关系中起到调节作用的结论。

目前，在自我效能感方面的外文文献众多，而在这方面的中文文献都集中在组织绩效、消费行为、创新创业行为等方面（钟卫东等，2007；顾远东等，2010；刘万利等，2011；周浩等，2011；渠彩霞等，2012；孙红霞等，2013；何伟等，2014；王双龙，2015）。然而，在实际情况下，只要研究行为，无论研究的是个体行为还是组织行为，自我效能感都是不容忽视的关键变量。

7.2.3 研究假设

自我效能感能够对人们的行为选择和环境选择造成影响。在日常生活中，人们如果认为难以应对某些行为和情境，往往会采取消极和回避的态度，只表现出一些能力所能企及的行为（LePine，2005）。在这一过程中，自我效能感主要是通过影响个体的价值观、兴趣及其对能力的认知，产生对个体行为方向的影响。当然，其中也有另一种情况，某些个体虽然拥有完成既定目标的能力，也拥有行动意愿，可是在面对目标时，不认为自身拥有实现目标的能力，即对自身能力缺乏信心，自我怀疑，在这种情况下，个体行为意愿难以转化为个体行为（Bandura，1997）。自我效能感是个体能动性的基础，自我效能感不仅能对个体的适应和变化产生影响，同时还能对个体的认知、情感、动机、生理唤醒与思想变化和行为选择之间的关系进行调节（郭本禹，2008）。综上所述，自我效能感作为意愿与行为之间关系的调节变量，已被大多数学者所接受。

目前，学术界在消费行为研究方面，对自我效能感调节消费意愿与消费行为之间的关系更清晰地呈现出来。

具体到居民的绿色消费行为上，如果说城镇居民对自己进行绿色消费没有信心，或者说怀疑自己进行绿色消费的能力，那么，即使他清楚绿色消费对于生态环境保护和自身健康有好处，而且，愿意进行绿色消费，但他也不会完全将进行绿色消费意愿转化为具体消费行为。据此，提出如下假设。

假设7-1：城镇居民的自我效能感调节绿色消费意愿与绿色消费行为之间的关系，湖北省城镇居民的自我效能感越高，其进行绿色消费的意愿对消费行为的影响就越显著。

7.3 调节作用的研究设计与数据分析结果

7.3.1 自我效能感变量的确定与测量

结合前文的理论探讨与总结，并基于7.2节提出的1个假设，可以较为清晰地认识到，本章所涉及的变量主要有以下三个：湖北省城镇居民进行绿色消费的自我效能感、湖北省城镇居民的绿色消费意愿以及湖北省城镇居民的绿色消费行为。

关于湖北省城镇居民进行绿色消费的自我效能感变量的测度与研究，其主要理论是基于贝茨（Betz，1996）、班杜拉（Bandura，1997）、施瓦泽（Schwarzer，1997）、卡拉梅尔等（Carmel et al.）在此方面的理论观点与研究成果。本章根据湖北省城镇居民进行绿色消费的特点，综合考虑各种相关因素，设计了测量量表。考虑到知觉行为控制因素的范围效果与重要程度，在测量量表设计之初，并未对其维度进行划分。在此基础上，我们设计了四个针对湖北省城镇居民进行绿色消费的行为态度变量的问题，分别为：（1）“我有信心每天最少进行 3 次绿色消费行为”；（2）“我有信心努力进行绿色消费”；（3）“我有信心学会辨别绿色产品质量的好坏”；（4）“我有信心能买到让我满意的绿色产品”，并且运用了李克特（Likert）五点量表，为每个问题分别设计了“非常不同意”（代表 1 分）、“不太同意”（代表 2 分）、“一般”（代表 3 分）、“比较同意”（代表 4 分）、“非常同意”（代表 5 分）这五个具有递进性质的选项。

此外，关于湖北省城镇居民进行绿色消费的行为意愿及其绿色消费行为两个变量的测度与研究，本书未对此提出新的维度，仍然沿用前文。而本章涉及的各个变量的测量维度、测量题项及参考文献，如表 7－1 所示。

表 7－1　变量测量维度

变量	测量维度	测量题项	参考文献
自我效能感		我有信心每天最少进行 3 次绿色消费行为	贝茨（Betz，1996）、施瓦泽等（Schwarzer et al.，1997）、卡拉梅尔等（Carmeli et al.，2007）、班杜拉（Bandura，1997）
		我有信心努力进行绿色消费	
		我有信心学会辨别绿色产品质量的好坏	
		我有信心能买到让我满意的绿色产品	

续表

变量	测量维度	测量题项	参考文献
绿色消费意愿	居民进行绿色消费的可能性	我每天都想进行绿色消费	文卡塔什等（Venkatesh，2003）、格兰茨等（Glanz，1998）、诺伊马克等（Neumark et al.，1999）、斯奈霍塔等（Sniehotta et al. 2005）、李（Lee，2011）
	居民推荐别人进行绿色消费的可能性	我经常推荐周围的人进行各种绿色消费	
	居民未来进行绿色消费的可能性	未来一年内我都想进行绿色消费	
绿色消费行为	绿色消费频率	在过去一个月内，我每天都会进行绿色消费	马帝森（Mathieson，1991）、巴塔切吉（Battacherijee，2000）、靳明等（2008）、唐学玉等（2010）
	绿色消费量	在过去一个月内，我平均每天进行3次绿色消费	

资料来源：笔者根据本书调研数据分析整理而得。

此外，在本章研究中，我们还综合考虑到湖北省城镇居民的具体情况，因此，以地区、职业等作为控制变量，以避免因为此类因素对于调查结果产生较不理想的影响。

关于本书调查问卷的产生与形成，以及调研的具体人员、地区、过程等已在第3章进行了较为详尽的讲解，在此不再赘述。

7.3.2 数据分析与处理结果

（1）信度检验。基于上文所设计的调查问卷得出的数据，并对此进行实证分析，对于每个变量均得出了相应的Cronbach's α值，如表7－2所示。与每个变量所涉及的问题相对应，湖北省城镇居民的绿色消费意愿（CI）通过3个指标进行测度、湖北省城镇居民的绿色消费行为（CB）通过2个指标进行测度、湖北省城镇居民进行绿色消费的自我效能感（SE）通过4个指标进行测度，其Cronbach's α值分别为0.916、0.857、0.925，并且，问卷整体Cronbach's α值为0.866，结合上文关于信度的理论探讨和研究，可以认为其信度较好。

表 7－2 信度检验数值

构念	观测项	Cronbach's α
绿色消费意愿（CI）	CI1	0.916
	CI2	
	CI3	
绿色消费行为（CB）	CB1	0.857
	CB2	
自我效能感（SE）	SE1	0.925
	SE2	
	SE3	
	SE4	

资料来源：笔者根据本书调研数据分析整理而得。

（2）效度检验。信度检验说明了问卷调查结果的可信程度，效度检验则可以说明问卷调查结果的有效性。在本章所采用的实证分析中，运用了主成分因子分析法，其主要标准为，每个变量的因子载荷需要超过 0.500（最好超过 0.700）才能证明其效度性，并且，各个变量的平均方差提取数也以超过 0.500 为最佳数值。

本章结合前人相关理论研究，分别提取了上述湖北省城镇居民进行绿色消费的 3 个变量的相关效度检验值，并在下文进行了展示，分别为 KMO（Kaiser－Meyer－Olkin）值和巴特利特（Bartlett）球状检验值，如表 7－3～表 7－5 所示，以及聚合效度检验数值，包括每个观测项的因子负荷及其综合的平均方差提取值（AVE），如表 7－6 所示。本章的研究以因子特征值大于 1 为检验尺度，而结合表 7－3～表 7－5 中的数据以及数据处理结果可知：①在湖北省城镇居民的绿色消费意愿变量中，解释方差占总方差的 85.668%，而根据其 3 个指标得出的数据分析结果，其取样足够度的度量和巴特利特（Bartlett）球状检验值分别为 0.756 和 946.263（其中，df 为 3、Sig. 为 0.000）；②湖北省城镇居民的绿色消费行为变量中，解释方差占总方差的 86.723%，而根据其 2 个指标得出的数据分析结果，其取样足够度的度量和巴特利特（Bartlett）球状检验值分别为 0.634 和 336.264（其中，df 为 1、Sig. 为 0.000）；③湖北省城镇居民进行绿色消费的自我效能感变量中，解释方差占总方差的81.917%，而根据其4个指标得出的数据分析结果，其取样足够度的度量和巴特利特（Bartlett）球状检验值分别为0.825和1486.986（其中，df为6、Sig. 为0.000）。其中，湖北省城镇居民的绿色消费行为取样足够度的度量值为0.634，低于0.700的最好标准值。同时，由于其巴特利特（Bartlett）球状检验值为336.264，可以认为其显著性处于良好状态，因此，不需要以此拒绝对这一变量的因子分析。另外，结合表7-6中的数据可以很清晰地看到，湖北省城镇居民绿色消费意愿下的3个观测项、湖北省城镇居民绿色消费行为下的2个观测项以及湖北省城镇居民进行绿色消费的自我效能感下的4个观测项，其因子负荷值均超过了0.700，而其平均方差提取数（AVE）也均超过了0.500。综上所述，可以认为本章所采用的调查问卷，其效度经过检验处于较为良好的状态。

表7-3　湖北省城镇居民的绿色消费意愿的KMO值和Bartlett球状检验值

取样足够度的度量		0.756
Bartlett的球形度检验	近似卡方	946.263
	Df	3
	Sig.	0.000

资料来源：笔者根据本书调研数据分析整理而得。

表7-4　湖北省城镇居民的绿色消费行为的KMO值和Bartlett球状检验值

取样足够度的度量		0.634
Bartlett的球形度检验	近似卡方	336.264
	Df	1
	Sig.	0.000

资料来源：笔者根据本书调研数据分析整理而得。

表7-5　湖北省城镇居民的自我效能感的KMO值和Bartlett球状检验值

取样足够度的度量		0.825
Bartlett的球形度检验	近似卡方	1486.986
	Df	6
	Sig.	0.000

资料来源：笔者根据本书调研数据分析整理而得。

表 7 - 6　　湖北省城镇居民的聚合效度检验数值

构念	观测项	因子负荷	平均方差提取（AVE）
绿色消费意愿（CI）	CI1	0. 925	0. 833
	CI2	0. 930	
	CI3	0. 884	
绿色消费行为（CB）	CB1	0. 946	0. 826
	CB2	0. 868	
自我效能感（SE）	SE1	0. 951	0. 808
	SE2	0. 889	
	SE3	0. 890	
	SE4	0. 865	

资料来源：笔者根据本书调研数据分析整理而得。

此外，本章还考虑了问卷区分效度的问题，从每个变量相对于其他变量的协方差以及平均方差提取数中可以看出，如表 7 - 7 所示，湖北省城镇居民的绿色消费意愿平均方差提取数为 0. 833，大于与其他 2 个变量之间的协方差，湖北省城镇居民的绿色消费行为平均方差提取数为 0. 826，大于与其他 2 个变量之间的协方差，湖北省城镇居民进行绿色消费行为的自我效能感平均方差提取数为 0. 808，大于与其他 2 个变量之间的协方差。综上所述，可以认为本章所采用的调查问卷，其区分效度经过检验，处于较为良好的状态。

表 7 - 7　　区分效度检验数值

	CI	CB	SE
绿色消费意愿（CI）	0. 833		
绿色消费行为（CB）	0. 296	0. 826	
自我效能感（SE）	-0. 048	-0. 161	0. 808

注：表中黑体数字为各个构念的 AVE 数值。
资料来源：笔者根据本书调研数据分析整理而得。

（3）同源偏差检验。由于本章实证分析所运用的数据均来自之前的问卷调查，在这种调查方式下，同一问卷的所有问题答案均出自一个参与者，因此，如果对于问卷的设计不够合理或者在问卷调查过程中有实施上的差错，很容易出现同源偏差（common - method variance，CMV）问题。而为了防止这种情况的发生，在调查问卷设计之初，我们就采取了问卷调查对象信息隐匿、题目反向设置和选项重测等各种方法，尽量降低同源偏差出现的概率，提高问卷数据的质量。此外，我们还运用了单因子检测法，对于汇总后的调查数据进行了分析和检验，并将问卷中三个变量（湖北省城镇居民的绿色消费行为、湖北省城镇居民的绿色消费意愿、湖北省城镇居民进行绿色消费的自我效能感）的所有测度指标一起做了因子分析，未旋转时第一个因子解释的总方差为35.033%，数值较小。综上所述，可以认为本章所采用的调查问卷，其同源偏差不算严重，不足以影响结果的质量。

（4）假设检验。本章主要通过对问卷调查收集来的数据进行汇总和梳理之后，运用SPSS21.0软件对其进行回归分析，从而得出自变量与因变量之间相关关系的结论。在此之前，首先，要对数据进行Anova方差分析，结果见表7－8和表7－9，从而进行回归模型整体显著性检验。而根据表7－8、表7－9中显示的数据，本章研究所用的回归模型，其显著性均达到了0.000的水平。这说明，本章所采用的这几个变量对于其相关的因变量来说，均能够发生较为显著的影响。并且，根据数据处理结果显示，每个变量的VIF值都小于10，因此，各个变量之间是不存在多重共线性的。

表7－8　　模型（7－1）Anova[a]

模型		平方和	df	均方	F	Sig.
模型（7－1）	回归	44.612	3	15.870	15.341	0.000[b]
	残差	421.391	462	0.911		
	总计	466.003	465			

注：a. 因变量：绿色消费行为；b. 预测变量：地区，职业，绿色消费意愿。

资料来源：笔者根据本书调研数据分析整理而得。

表7－9　　模型（7－2）Anova[a]

模型		平方和	df	均方	F	Sig.
模型（7－2）	回归	59.791	4	14.946	17.006	0.000[b]
	残差	405.211	461	0.878		
	总计	465.002	465			

注：a. 因变量：绿色消费行为；b. 预测变量：地区，职业，绿色消费意愿，自我效能感×绿色消费意愿。

资料来源：笔者根据本书调研数据分析整理而得。

经过上述信度检验、效度检验、同源偏差检验和假设检验，我们可以认为，此次问卷调查所得出的数据是可信的、有效的。因此，下文将在此基础上，对控制变量和三个变量进行回归分析，如表 7－10 所示。可以看出，本次回归分析一共产生了 2 个模型，其中，模型（7－1）是指，地区、职业、常数项等控制变量相较于湖北省城镇居民绿色消费行为的回归结果；模型（7－2）则是在控制变量基础上，把湖北省城镇居民的绿色消费意愿及湖北省城镇居民进行绿色消费的自我效能感两个变量纳入回归结果。从表中可以看出，模型（7－1）显示上述控制变量对于因变量的作用并不太明显，而在模型（7－2）中，加入了湖北省城镇居民的绿色消费意愿和湖北省城镇居民进行绿色消费的自我效能感两个交互项之后，以湖北省城镇居民进行绿色消费的自我效能感作为调节变量时与其绿色消费行为之间的回归分析结果。其数值为 0.182（$p<0.001$），证明了二者之间的正向关系。即湖北省城镇居民对于绿色消费的意愿越强，其采取绿色消费行为的可能性就越大，由此对于假设 7－1 做出了证明。

表 7－10　　回归结果

变量		消费行为	
		模型（7－1）	模型（7－2）
控制变量	常数项	－0.076	－0.073
	地区	－0.045	－0.036
	职业	0.075	0.068
自变量	绿色消费意愿	0.295***	0.299***
	自我效能感×绿色消费意愿		0.182***
	F	16.342***	17.006***

注、*** 表示 $p<0.001$；表中所示为标准化系数，模型中没有出现湖北省城镇居民的自我效能感、绿色消费意愿和绿色消费行为等变量的测量维度，主要是因为本章是对变量的整体效应进行研究，没有研究各维度的效应。

资料来源：笔者根据本书调研数据分析整理而得。

7.4　实证研究结果的讨论

总结上文的理论探讨可知，在阿耶兹的计划行为理论中，其提出的计划行为理论模型显示，个体的行为态度、主观规范和知觉行为控制通过影响其行为意愿从而对其具体行为产生作用。而在现实中，我们不难发现，即使某个人对于采取某种行为会有非常强烈的意愿，但其最终是否会行动，往往还是很值得思考的。而本章通过对调查问卷的数据分析，也得出了相同的结论。具体来说，湖北省城镇居民进行绿色消费行为的自我效能感越高，其绿色消费意愿转变为绿色消费行为的可能性就越大；而反之，湖北省城镇居民进行绿色消费行为的自我效能感越低，其绿色消费意愿转变为绿色消费行为的可能性就越小。

本章虽然通过理论描述和回归分析，证明了湖北省城镇居民在进行绿色消费的过程中，其自我效能感能够对绿色消费意愿与绿色消费行为之间的关系起到一定的调节作用，具有一定的学术意义和现实意义，但同时不可避免地存在一定局限性。首先，在设计阶段，对于湖北省城镇居民进行绿色消费的自我效能感借鉴了前人的理论研究和实证结果，并根据湖北省城镇居民绿色消费的特点，综合考虑各种相关因素，设计了新的测量量表。虽然其信度检验、效度检验、同源偏差检验和假设检验都得到了较良好的结果，但是，并不能由此确定此测量量表是普遍适用的，还需要进一步完善。其次，本章对于湖北省城镇居民进行绿色消费的自我效能感变量并没有进行相应的维度划分，而是着眼于整体效应，但根据前人的理论研究和实证结果，不同维度下的研究可能会出现不同的结果。因此，这种情况可能会对本章实证研究得出结果的精确程度产生一定的负面影响。最后，本章认为自我效能感能够影响绿色消费意愿与绿色消费行为之间的相关关系，从而影响湖北省城镇居民的绿色消费行为，没有考虑自我效能感可能与知觉行为控制之间存在一定的相关关系，可能会对第 6 章的结果产生一定影响。

虽然存在上述局限性，但是，本章通过提出自我效能感这一调节变量，创造性地将其纳入湖北省城镇居民的绿色消费意愿与湖北省城镇居民的绿色消费行为之间的关系中，从而证明能够通过影响二者之间的相关关系，最终影响湖北省城镇居民的绿色消费行为。这一结论对于之后在绿色消费行为方面的研究有一定借鉴意义。并且，综合上文叙述，结合现实情况，我们可以创造性地考虑通过提高湖北省城镇居民进行绿色消费的自我效能感，例如，通过言语劝说（verbal persuasion）、替代经验（vicarious experiences）或模仿等方式增强其自我效能感，从而影响其绿色消费行为，改变居民不环保、不健康、不节约的生活习惯。

7.5 本章小结

本书在第 4 章讨论了人口统计特征变量对于湖北省城镇居民进行绿色消费行为会产生何种影响；在第 5 章探讨了生活习惯与湖北省城镇居民进行绿色消费行为之间的相关关系；在第 6 章则研究了湖北省城镇居民的绿色消费行为、湖北省城镇居民的绿色消费意愿、湖北省城镇居民进行绿色消费的行为态度、湖北省城镇居民进行绿色消费的主观规范，以及湖北省城镇居民进行绿色消费的知觉行为控制，这五个因素之间的相关关系。因此，本章在上述基础之上，结合班杜拉的自我效能感理论，运用前期问卷调查的数据进行回归分析，对提出的假设进行验证，从而得出结论，湖北省城镇居民进行绿色消费的自我效能感能够通过调节湖北省城镇居民的绿色消费意愿与湖北省城镇居民的绿色消费行为之间的关系，从而最终影响湖北省城镇居民的绿色消费行为。

第 8 章

研究总结与研究展望

8.1 研究总结

8.1.1 主要结论

本书的主要目的是，研究湖北省城镇居民绿色消费行为的影响因素及其相应的影响机制。针对相关研究，本书从经济学经典关于消费行为的理论出发，分别从经济学和其他学科角度对消费行为方式、消费行为的影响因素和绿色消费行为等方面的文献进行了回顾与梳理。在对已有研究现状进行分析的基础上，对已有研究成果的局限性及未研究的问题进行了论述，并以此为基础开展了本书的研究。在借鉴外文文献关于绿色消费行为研究成果的基础上，运用多元回归方法分析了性别、年龄、收入、婚姻状况及受教育程度对湖北省城镇居民绿色消费行为的影响机制。研究结果表明，性别、年龄、收入、婚姻状况及受教育程度等人口统计特征变量，主要通过影响湖北省城镇居民的绿色消费意愿从而间接影响其消费行为。而且，喝酒、抽烟、体育锻炼等生活习惯，对于居民的绿色消费行为有显著影响，同时，验证了绿色消费意愿在生活习惯与湖北省城镇居民绿色消费行为之间存在中介作用。

本书还创造性地结合计划行为理论，引入居民行为态度、知觉行为等因素变量及自我效能感这一中介变量，更全面地研究了湖北省城镇居民绿色消费行为的影响因素与影响机制，为推进湖北省“绿色湖北”的建设及“两型社会”的发展构建理论基础。

（1）湖北省城镇居民的绿色消费行为与性别、年龄、婚姻状况、受教育程度、收入状况等因素密切相关。具体来说，在湖北省城镇居民中，男性居民、未婚居民的绿色消费意愿一般较低，因此，其绿色消费频率和绿色消费量都较低。更进一步，低收入的城镇居民和受教育程度较低的城镇居民绿色消费意愿和绿色消费行为，远低于高收入的城镇居民和受教育程度较高的城镇居民的绿色消费意愿和绿色消费行为。受教育程度之所以会影响湖北省城镇居民的绿色消费意愿与绿色消费行为，主要是因为受教育程度影响了居民环保意识的形成及绿色消费不足产生的环保风险意识；收入会影响城镇居民的绿色消费行为，是因为近年来我国部分种类的绿色产品价格越来越贵，导致低收入的居民绿色消费意愿变低，进而影响其绿色消费行为；婚姻会影响城镇居民的绿色消费行为是因为结婚的居民家庭规模比单身的要大，生活的方方面面都与家庭成员一起，其他家庭成员的绿色消费行为不仅会间接影响进行绿色消费，而且，也会影响其绿色消费意愿和消费绿色行为。研究结果进一步证实了已有的外文文献中所阐述的男性比女性的绿色消费行为更少（Hines，1987；Harland et al.，1999；Chan，2001；Westenhoefer，2005；Poortinga，2004）、单身比已婚的绿色消费行为更少（Papaoikonomou et al.，2011）以及受教育程度、收入、年龄等变量对绿色消费行为的积极影响（Kassarjian，1971；Ster，2000；Homer and Kahle，1988）等结论。同时，研究还验证了绿色消费意愿在人口统计特征变量与湖北省城镇居民绿色消费行为之间的中介作用，即人口统计特征变量，通过影响绿色消费意愿间接影响绿色消费行为。

（2）虽有一些外文文献研究了影响绿色消费行为的决定性因素，并提出抽烟、喝酒等不良生活习惯会影响居民绿色消费行为，但这些研究所采用的方法主要是基本的描述性统计分析，且调研对象多是研究者所在国家的居民，研究结果虽对揭示湖北省城镇居民的绿色消费行为有一定借鉴意义，但并不能完全解释湖北省城镇居民的绿色消费行为。而目前鲜见这方面的中文文献研究，基于此，本书研究了抽烟、喝酒等不良生活习惯对湖北省城镇居民绿色消费行为的影响及其机制。研究结果表明，抽烟的城镇居民比不抽烟的城镇居民进行绿色消费的行为更少，喝酒的城镇居民比不喝酒的城镇居民进行绿色消费的行为更少，不经常从事体育锻炼的居民比经常从事体育锻炼的居民进行绿色消费的行为更少。人们都知道，抽烟、喝酒、不经常从事体育锻炼会严重影响身体健康，因此，人们应当戒烟、戒酒，并经常从事体育锻炼。但很显然，这对一些有不良生活习惯的城镇居民来说是比较困难的。本书研究结论表明，如果很难戒除抽烟、喝酒等不良生活习惯，城镇居民应当提高其进行绿色消费的意愿和增加绿色消费行为，从而养成良好的生活习惯，提高生活质量和生活水平。

（3）计划行为理论自阿耶兹（1988，1991）提出后，经过多年的验证和完善，逐渐被诸多学者所接受、认可。阿耶兹认为，人的行为是经过深思熟虑计划的结果，主要有五个影响因素，分别是态度（attitude）、主观规范（subjective norm）、知觉行为控制（perceived behavioral control）、行为意向（behavior intention）与行为（behavior）。

很多学者运用计划行为理论研究个体的具体行为，但与绿色消费行为相关的研究较少。外文文献更多的研究人口统计特征变量对居民绿色消费行为的影响，虽有一些外文文献在研究居民绿色消费行为时，引入社会规范、消费障碍等个体心理变量，实证分析了其对绿色消费行为的影响（Rchard et al.，2005；Jennifer et al.，2009；Jana et al.，2010；Dehghan et al.，2010；James，2011；Linda et al.，2011；Oliveira et al.，2014），但这些研究只是从计划行为理论中截取了一部分影响行为的变量，没有系统地运用计划行为理论研究居民的绿色消费行为。运用计划行为理论研究个体行为的中文文献较多，但这些研究主要集中在低碳消费行为（王建明等，2011）、绿色产品的消费行为（青平和李崇光，2005；靳明等，2008；唐学玉等，2010）、环保产品的消费行为（金晓彤等，2015）以及其他行为上。较少有学者运用计划行为理论系统地研究行为态度、主观规范和知觉行为控制对城镇居民绿色消费行为的影响，更鲜见对于城镇居民绿色消费行为影响机制的研究。因此，本书运用多元回归方法系统地研究了行为态度、主观规范和知觉行为控制对湖北省城镇居民绿色消费行为的影响及其机制，研究结果表明，湖北省城镇居民的绿色消费行为与湖北省城镇居民绿色消费的行为态度、主观规范和知觉行为控制等因素密切相关。

具体来说，湖北省城镇居民对绿色消费过程中各种影响因素的评价越高，其进行绿色消费行为的意愿就越强烈；湖北省城镇居民周边的人或社会媒体对绿色消费的评价越正向，其绿色消费的意愿就越强烈，消费频率和消费量就越高。湖北省城镇居民在消费绿色过程中所遇到的促进因素越多、越正面，其绿色产品消费的意愿就越强烈，消费频率和消费量就越高。行为态度之所以会正向影响湖北省城镇居民的绿色消费行为，可能是因为湖北省城镇居民对绿色产品的评价越高，即湖北省城镇居民认为绿色消费对于提高生活水平有好处，且消费的绿色产品是安全的、质量是过关的，就会从有利于生活质量角度去考虑，进而强化其进行绿色消费的意愿。主观规范之所以会正向影响湖北省城镇居民的绿色消费行为，可能是因为人们的从众消费心理，当其周边的人正面评价绿色消费及发生绿色消费行为时，他们就会模仿周边人的行为；知觉行为控制之所以会影响湖北省城镇居民的绿色消费行为，可能是因为人们都有畏难心理，当他们在进行绿色消费过程中遇到的阻碍及困难较少时，就可能选择绿色消费行为。

（4）计划行为理论认为，个体的行为意愿转化为个体具体的行为（Ajzen，1986），但无论从理论还是从实践来看，个体的行为意愿在某些情况下并没有转化为具体行为，本书第 7 章的研究结论也证明了这一点。具体来说，对于湖北省城镇中具有高自我效能感的居民来说，其绿色消费意愿显著地转化为绿色消费行为，而对于湖北省城镇中自我怀疑、具有低自我效能感的居民，其绿色消费意愿并不一定转化为具体的绿色消费行为。这可能是因为湖北省城镇中具有低自我效能感并经常自我怀疑的居民，即使有较强烈的绿色消费意愿，但因为对自己进行绿色消费过程中处理阻碍的能力不自信，导致其并不会将强烈的绿色消费意愿转化为具体的绿色消费行为。

8.1.2　研究贡献

本书的主要贡献如下。

（1）当前，大多数绿色消费行为方面的研究，都将人口统计特征变量作为居民绿色消费行为的前因变量。但本书研究发现，人口统计特征变量并不能直接影响湖北省城镇居民的绿色消费行为，其必须通过影响湖北省城镇居民的绿色消费意愿进而间接影响其绿色消费行为。这一结论进一步丰富了绿色消费行为方面的理论。研究还发现，湖北省城镇居民的绿色消费量和绿色消费频率比全国平均水平要低，因此，地方政府应采取措施鼓励城镇居民，特别是男性居民、收入低的居民更多地进行绿色消费。

（2）已有研究很少从居民的生活习惯方面分析居民的绿色消费行为。本书引入生活习惯变量，运用多元回归分析方法探求了湖北省城镇居民的生活习惯对其绿色消费行为的影响。

（3）计划行为理论认为，个体的行为态度、主观规范和知觉行为控制通过影响个体意愿进而间接影响个体行为，其中，个体知觉行为控制也可以直接影响个体行为。这一结论在个体或群体的很多行为领域都得到了验证，但运用这一理论分析居民特别是湖北省城镇居民的绿色消费行为仍较少见。本书以计划行为理论为基础，实证检验了湖北省城镇居民的行为态度、主观规范和知觉行为控制对其绿色消费行为的影响机制。从理论上来看，本研究进一步验证了计划行为理论的普遍适用性，进一步丰富了绿色消费行为方面的理论。从实践来看，可以为地方政府在制定相关绿色产品产业的规划方面提供参考。

（4）计划行为理论认为，个体的意愿会直接转化为个体的行为。但本书研究表明，湖北省城镇居民的绿色消费意愿与其绿色消费行为之间的关系会受到自我效能感的调节。这扩展了计划行为理论关于个体意愿影响个体行为的结论，可能会让后来的研究者在研究绿色消费行为甚至生活习惯的影响机制时，考虑更多的意愿与行为之间关系的其他调节变量。研究结论也可能会为后来研究居民生活习惯的学者提供研究线索，即要想改变低自我效能感居民的不健康、不环保、不节约的生活习惯，不能简单地强化他们的消费意愿，而应先考虑增强他们改变不良生活习惯的信心或者帮助他们克服在改变不良生活习惯过程中可能遇到的阻碍。也就是说，要提高他们的自我效能感，为达到目的，可以采用言语劝说（verbal persuasion）或替代经验（vicarious experiences）或模仿等方式（Bandura，1997）。

（5）目前，关于居民绿色消费行为的中文文献较少，相关的研究成果主要集中在宏观政策对绿色消费行为的影响，居民收入、人群特征与绿色消费行为的关系等方面，但关于区域性城镇居民绿色消费行为的影响因素和影响机制的研究较少。本书从湖北省城镇居民绿色消费行为入手，研究了城镇居民的绿色消费行为及其影响机制，研究成果有利于国家制定相关政策引导城镇居民绿色消费行为，有利于优化资源利用，促进环境保护，有效地化解因我国人口基数巨大产生的资源压力和环境压力，对于促进我国建设资源节约型和环境友好型社会有着重大意义。同时，本书的研究结论也是对绿色消费行为领域研究成果的补充与扩展，有利于拓展目前中文文献关于居民绿色消费理论研究领域。

8.2 研究展望

8.2.1 研究局限

本书通过实证分析的方法，研究了湖北省城镇居民的人口统计特征变量、生活习惯变量、行为态度变量、主观规范变量和知觉行为变量等对绿色消费行为的影响机制，并检验了湖北省城镇居民的自我效能感在其绿色消费意愿与绿色消费行为关系上的调节作用。总的来说，研究结论有一定的理论贡献和实践意义，但不可否认的是，研究仍存在一定局限性。

（1）变量的选取较为主观。目前，对于绿色消费行为的中文文献主要选择、借鉴了外文文献相关研究成果，但由于文化差异和社会发展程度不同，外文文献的相关成果并不能直接用于中国，需要对其进行调整。在此基础上，本书结合湖北省城镇居民绿色消费行为的特点和地域文化差异，在国内外成熟的测量量表上进行了调整、改进，加入了中介变量并对其进行考量。我们相信，这些因素的引入，会进一步丰富居民绿色消费行为方面的理论研究和应用范围，同时，我们也深刻地认识到，本书变量的选取仍有一定主观性，部分变量的效度可能较低。

（2）调查对象的代表性可能不足。鉴于本书主要面向湖北省城镇居民绿色消费行为进行研究，为了数据收集的便利性，项目组主要选择了武汉市、襄阳市、随州市等各地商超有绿色消费经验的群体进行调查，调查范围有限，很难完整地展现湖北省城镇居民的绿色消费行为特征。在问卷回收方面，项目组对于收集的数据进行了筛选，尽可能地保证问卷数据的真实性，给予调研对象及相关单位人员一定的物质奖励，以调动其积极性。但考虑到调查问卷中存在一定的专业问题，且题量较大，可能会影响收集数据的真实性，最终影响结论。综上所述，本书研究结果的普适性，还有待后续研究进一步证实。

(3) 测量量表可能过于片面。本书所采用的测量量表是在结合湖北省城镇居民绿色消费特点的基础上，参考国内外成熟的测量量表后自行设计的。因此，虽然对于信度和效度都进行了检验，但由于部分变量的量表设计缺乏同类比较，显得过于主观和片面。例如，本书仅采用居民绿色消费量和绿色消费频率衡量绿色消费行为，在以后的研究成果中有待补充。

8.2.2 研究展望

本书主要运用了历史回顾、文献分析、内容分析、深度访谈等定性研究方法，结合实验设计、抽样调查、数据分析、多元线性回归等定量方法，建立了湖北省城镇居民绿色消费行为影响机制，并对其进行了实证检验。

全书研究了人口特征统计变量、生活习惯、行为态度、主观规范和知觉行为控制等影响湖北省城镇居民绿色消费行为的因素，且证实了自我效能感在湖北省城镇居民绿色消费行为与其绿色消费意愿之间存在调节关系。研究结论有一定的创新性和实用性，研究成果有利于国家制定相关政策引导城镇居民消费行为，有利于优化资源利用，促进环境保护，有效地化解我国的资源压力和环境压力，对于促进我国建设资源节约型和环境友好型社会有着重大意义。在理论方面，本书对目前国内对于城镇居民绿色消费领域提供了案例支持。

但鉴于城镇居民绿色消费行为的复杂性，研究者还应对此领域进行更科学、深入细致的实证研究。具体而言，研究者可以本书的实证研究为基础，从以下五个方面进一步深入研究和完善。

(1) 本书采用的主要量表是在结合湖北省城镇居民绿色消费特点上，参考国内外成熟的测量量表后自行设计，因此，对于国内城镇居民的适用性可能存在不足。在本书中，对于居民绿色消费行为的衡量，主要是通过居民绿色消费量和绿色消费频率两种指标，来测量湖北省城镇居民绿色消费行为稍显薄弱，本书选取的其他特征变量或多或少也存在这样的问题。因此，在进一步研究之中，研究者可以结合时代背景和地域特点，引入更多考量指标完善实证结论。例如，价格变量，将价格作为一个单独的变量研究其对湖北省城镇居民绿色消费行为的影响。

（2）本书采用的数据主要由网络调查和实地调查剔除无效问卷后得出，就时间的连续性上来说，采用的是时点数据。众所周知，消费者的消费行为会随着不同阶段及其认知差异而不断发生变化，绿色消费行为也是如此。因此，在进一步研究中，研究者应更多地考虑城镇居民的绿色消费行为处于不断发展变化的体系中，可以选择固定样本并对其开展较长时间段的跟踪调查，构建更加合理、适用的动态体系，以得到更精确的研究结论。

（3）本书选取的调查对象主要是武汉市、襄阳市、随州市等各地商超有绿色消费经验的群体，这是为了数据收集的便利性。除了实地调研之外，本书还采取网络问卷方式回收了一批问卷，但由于网络的匿名性，其数据能否代表湖北省城镇居民绿色消费行为也存在一定疑问。鉴于本书主要对湖北省城镇居民绿色消费行为进行研究，其调查范围和调查对象的选取与实际情况难免存在差异，很难完整展现湖北省城镇居民的绿色消费行为特征。再考虑到本书设计的调查问卷有一定专业性，且题量较大，可能会影响调查者的积极性，进而影响收集数据的真实性，最终影响结论，因此，在进一步研究中，研究者应在数据收集上进行更多的尝试和进一步探索，减少由于调查对象和调查范围、调查方式的选取而带来的差异。

（4）在本书研究过程中，主要针对实体绿色消费，包括绿色食品、环保节能产品等，但随着电子商务的不断发展，绿色消费，尤其是绿色产品交易与电子商务的结合愈发紧密，这些势必对传统绿色消费模式和本书的研究产生一定影响。考虑到电子商务与居民绿色消费行为之间的联系，可以作为一个新的研究课题，本书未将其列入研究中，但之后的研究者可以在本书的基础上对其进行深入探索，以完善城镇居民绿色消费行为理论体系。

附录

城镇居民绿色消费行为的调查问卷

尊敬的女士/先生：

您好！非常感谢您在百忙之中抽出时间完成这份问卷。

我是湖北城镇居民绿色消费行为课题组的调查员，目前正在进行湖北城镇居民绿色消费行为的研究，为了了解城镇居民的绿色消费行为及其相关影响因素，特进行了本次问卷调查，这是一份学术性研究问卷，并无标准答案，也无所谓对错之分，您依据自身感觉填写即可。本问卷采用匿名调查的方式，所获得的数据仅供学术研究之用。我们将恪守科学研究的道德规范，不以任何形式向任何人泄漏您的信息，敬请安心作答。

祝您身体健康，事业顺利，宏图大展！

一、个人基本情况

（请根据实际情况将题项填空或者在合适的字母上打“√”或者将其标红）

1. 您的性别？（　　）

A. 男　　　　B. 女

2. 您的婚姻状况（　　）

A. 是　　　　B. 否

3. 您的年龄？（　　）

A. 25 岁以下　　B. 25～40 岁　　C. 41～60 岁　　D. 61 岁以上

4. 您所在的地区（　　）

A. 武汉市　　B. 黄石市　　C. 襄阳市　　D. 荆州市

E. 宜昌市　　F. 十堰市　　G. 孝感市　　H. 荆门市

I. 鄂州市　　J. 黄冈市　　K. 咸宁市　　L. 随州市

5. 您的受教育程度？（　　）

A. 初中以下　　B. 高中/中专

C. 大学本科/专科　　D. 研究生及以上

6. 您的职业？（　　）

A. 工人　　B. 教师、医生或科技人员　　C. 商人

D. 企业职员　　E. 其他

7. 您的月收入？（　　）

A. 3000 元以下　　B. 3000 ~5000 元

C. 5000 ~7000 元　　D. 7000 ~10000 元

E. 10000 元以上

8. 您在过去的一个月内经常进行的绿色消费行为有哪些？（可多选）（　　）

A. 使用节能环保型产品

B. 选用节能省地型住宅

C. 选用绿色食品、有机食品、有机农产品、无公害农产品

D. 选用绿色消费场所

E. 使用政府绿色采购

F. 使用绿色印刷方式

G. 资源回收利用

H. 节约居民非基本用水

I. 节约居民非基本用电

J. 拒绝过度包装

K. 使用非资源性产品

9. 您一般在哪里购买绿色产品？（　　）

A. 超市　　B. 批发市场　　C. 零售店　　D. 互联网

二、绿色消费意愿和行为的情况描述

（请根据您平时进行绿色消费的意愿和行为的基本情况，对下列描述

进行判断，并将合适的数字打上"√"）

问题项目	非常不同意	不太同意	一般	比较同意	完全同意
我每天都想进行绿色消费	1	2	3	4	5
我经常推荐周围的人进行各种绿色消费	1	2	3	4	5
未来一年内我每天都想进行绿色消费	1	2	3	4	5
在过去的一个月内，我每天都会进行绿色消费	1	2	3	4	5
在过去的一个月内，我平均每天进行3次绿色消费	1	2	3	4	5

三、生活习惯的情况描述

（请根据您平时的生活习惯的基本情况，对下列描述进行判断，并将合适的数字打上"√"）

问题项目	非常不同意	不太同意	一般	比较同意	完全同意
我从来不抽烟	1	2	3	4	5
我从来不喝酒	1	2	3	4	5
我每周进行2个小时以上的体育锻炼	1	2	3	4	5

四、消费行为态度的情况描述

（请根据您平时的行为态度基本情况，对下列描述进行判断，并将合适的数字打上"√"）

问题项目	非常不同意	不太同意	一般	比较同意	完全同意
我认为多进行绿色消费有利于提高生活水平	1	2	3	4	5
我认为平时所购买的绿色产品是安全的	1	2	3	4	5
我认为平时所购买的绿色产品质量是良好的	1	2	3	4	5
我知道绿色产品有哪些种类	1	2	3	4	5

五、主观规范的情况描述

（请根据您平时在进行绿色消费时受到周围人的影响的基本情况，对下列描述进行判断，并将合适的数字打上“√”）

问题项目	非常不同意	不太同意	一般	比较同意	完全同意
我的父母喜欢进行绿色消费，所以我也喜欢	1	2	3	4	5
我最好的朋友喜欢进行绿色消费，所以我也喜欢	1	2	3	4	5
我最喜爱的明星进行绿色消费，所以我也喜欢	1	2	3	4	5
专家们提倡进行绿色消费有利于身体健康，所以我时常进行绿色消费	1	2	3	4	5
周围的人都认为进行绿色消费好，所以我也进行绿色消费	1	2	3	4	5
新闻媒体宣传进行绿色消费的好处，所以我时常进行绿色消费	1	2	3	4	5

六、知觉行为控制的情况描述

（请根据您平时在进行绿色消费时感受到障碍的基本情况，对下列描述进行判断，并将合适的数字打上“√”）

问题项目	非常不同意	不太同意	一般	比较同意	完全同意
在我家的旁边就可以买到符合标准的绿色产品	1	2	3	4	5
我经常光顾的店铺里面会有大量的绿色产品供应	1	2	3	4	5
在我家旁边销售的绿色产品价格比较便宜	1	2	3	4	5
我能分辨买到的绿色产品质量是否过关	1	2	3	4	5
绿色消费为我的生活提供了便利	1	2	3	4	5

七、自我效能感的情况描述

（请根据您平时在进行绿色消费时感受到障碍的基本情况，对下列描述进行判断，并将合适的数字打上“√”）

问题项目	非常不同意	不太同意	一般	比较同意	完全同意
我有信心每天最少进行 3 次绿色消费行为	1	2	3	4	5
我有信心努力进行绿色消费	1	2	3	4	5
我有信心学会绿色产品质量的好坏	1	2	3	4	5
我有信心能买到让我满意的绿色产品	1	2	3	4	5

参考文献

[1] 艾玉波，庞雅莉．女性主义视角下的中国女性消费文化研究［J］．社会科学家，2015（1）：154－160.

[2] 艾玉波．当代中国女性地位变化下的消费异化问题研究［D］．长春：吉林大学，2016.

[3] 白光林，李国昊．绿色消费认知、态度、行为及其相互影响［J］．城市问题，2012（9）：64－68.

[4] 白光林，万晨阳．城市居民绿色消费现状及影响因素调查［J］．消费经济，2012，28（2）：92－94，57.

[5] 白凯，李创新，张翠娟．西安城市居民绿色出行的群体参照影响与自我价值判断［J］．人文地理，2017，32（1）：37－46.

[6] 白凯，张翠娟，黄琦珂．符号消费视角下西安城市居民绿色出行方式选择意向研究［J］．陕西师范大学学报（自然科学版），2017，45（4）：105－113.

[7] 白世贞，郑佳，吴绒．绿色农产品认知、溢价意愿与购买行为实证分析［J］．商业经济研究，2017（6）：171－173.

[8] 白世贞，郑佳，吴绒．农产品绿色生产与绿色消费协同演化博弈分析［J］．江苏农业科学，2017，45（10）：316－319.

[9] 白雪．循环经济："吃干榨净"的绿色消费［N］．中国经济导报，2012－12－29（C02）.

[10] 包庆德，陈艺文．生态消费：学界前沿探索及其相关研究述评［J］．洛阳师范学院学报，2017，36（12）：1－8.

[11] 包庆德．评阿格尔生态学马克思主义异化消费理论［J］．马克思主义研究，2012（4）：111－117.

[12] 毕思勇．生态文明背景下的企业绿色营销战略研究［D］．青岛：中国海洋大学，2011.

[13] 才源源，杜俏颖，赵婧彤．感恩对绿色消费意愿的影响机制研究——基于环保自我担当的中介和印象管理的调节［J］．消费经济，2018，34（2）：79－87.

[14] 曾慧娟．绿色认知对消费者购买决策影响力研究［D］．南京：南京林业大学，2015.

[15] 曾欧．循环经济视角下的绿色包装发展研究［D］．株洲：湖南工业大学，2013.

[16] 曾薇，秦书生．论绿色消费的环境支撑体系构建［J］．科技管理研究，2013，33（16）：233－236.

[17] 曾宇容，王洁．大学生绿色消费内在机理调查与研究［J］．消费经济，2009，25（5）：56－59.

[18] 柴松青．关于低碳经济时代大学生绿色消费观构建的探讨［J］．经济研究导刊，2018（14）：60－61.

[19] 常楠楠．考虑碳标签的消费者低碳产品购买意愿的影响因素及形成机理研究［D］．北京：中国矿业大学，2014.

[20] 陈建华，宁莹莹．大学生消费观念与行为培养研究［J］．思想政治教育研究，2012，28（6）：120－123.

[21] 陈建华，赵志平．引导大学生确立理性消费观刍议［J］．学校党建与思想教育，2012（7）：74－75.

[22] 陈凯，陈铖．绿色消费行为：限制因素及推进策略分析——基于过程视角的理解［J］．管理现代化，2014（1）：21－23.

[23] 陈凯，丁蒙，彭茜．引导用语对绿色消费行为意愿的影响作用分析［J］．当代经济管理，2016，38（1）：11－16.

[24] 陈凯，郭芬，赵占波．绿色消费行为心理因素的作用机理分析——基于绿色消费行为心理过程的研究视角［J］．企业经济，2013，32（1）：124－128.

[25] 陈凯，李昌骏．消费者绿色购买行为的营销要素分析［J］．资源开发与市场，2015，31（10）：1228－1232.

[26] 陈凯，李华晶，郭芬．消费者绿色出行的心理因素分析［J］.

华东经济管理，2014，28（6）：129－134.

［27］陈凯，李华晶．低碳消费行为影响因素及干预策略分析［J］．中国科技论坛，2012（9）：42－47.

［28］陈凯，彭茜．参照群体对绿色消费态度—行为差距的影响分析［J］．中国人口．资源与环境，2014，24（S2）：458－461.

［29］陈凯，彭茜．绿色消费态度—行为差距分析及其干预［J］．科技管理研究，2014，34（20）：236－241.

［30］陈凯，肖兰．广告诉求、印象管理动机对绿色购买意愿的影响研究［J］．资源开发与市场，2016，32（10）：1204－1208，1272.

［31］陈凯，肖敏．大学生绿色消费认知、态度、意愿以及行为的调查分析——以北京地区大学生为例［J］．企业经济，2012，31（3）：160－163.

［32］陈凯，赵占波．绿色消费态度—行为差距的二阶段分析及研究展望［J］．经济与管理，2015，29（1）：19－24.

［33］陈凯．绿色消费模式构建及政府干预策略［J］．中国特色社会主义研究，2016（3）：86－91.

［34］陈琳，张宜强．供给侧结构性改革下发展绿色消费路径探讨——基于马克思主义消费思想［J］．商业经济研究，2018（6）：40－42.

［35］陈柳钦．可持续低碳消费的实现途径［J］．理论学习，2010（8）：31－35.

［36］陈群胜．循环经济与工业发展模式转型研究［D］．上海：上海大学，2011.

［37］陈士勋，李利人．论生态文明建设理念路径［J］．中共铜仁市委党校学报，2012（6）：71－76.

［38］陈韦呈．媒体导向、绿色认知对消费者绿色购买行为影响［D］．上海：华东师范大学，2013.

［39］陈文玲，周京．加快建立我国绿色发展公共政策体系［J］．商业时代，2012（35）：4－6.

［40］陈文玲．绿色发展期待重点突破［N］．经济参考报，2012－12－26（001）.

［41］陈雨生，乔娟，李秉龙．消费者对认证食品购买意愿影响因素的实证研究［J］．财贸研究，2011，22（3）：121－128.

［42］陈转青，高维和，谢佩洪．绿色生活方式、绿色产品态度和购买意向关系——基于两类绿色产品市场细分实证研究［J］．经济管理，2014，36（11）：166－177.

［43］陈宗兴．发展绿色经济建设生态文明［J］．前进论坛，2012（12）：16－18.

［44］仇立．基于绿色品牌的消费者行为研究［J］．商业经济研究，2015（7）：71－73.

［45］仇立．天津市居民绿色食品消费行为影响因素研究［J］．生态经济，2016，32（8）：111－115.

［46］仇立．我国城市居民绿色消费行为影响因素研究［J］．商业经济研究，2015（10）：23－25.

［47］初凤荣，付饶．浅谈我国绿色营销［J］．现代营销（学苑版），2012（12）：28－29.

［48］楚春礼，鞠美庭．生态文明观下经济发展如何转型［N］．中国纪检监察报，2012－12－07（004）.

［49］楚春礼，叶頔，徐盛国，等．绿色消费各利益相关方角色及影响因素研究［J］．未来与发展，2017，41（5）：60－68.

［50］慈珊．现代包装设计绿色化的发展趋势［D］．海口：海南大学，2013.

［51］崔波．中国低碳经济的国际合作与竞争［D］．北京：中共中央党校，2013.

［52］崔如波，王唯薇．加快培育西部绿色消费模式［J］．探索，2014（4）：92－98.

［53］董丛．我国绿色住宅发展的战略选择和对策研究［D］．北京：首都经济贸易大学，2013.

［54］董淑芬．培育我国绿色消费模式的对策与建议［J］．生态经济（学术版），2009（1）：187－190.

［55］杜红梅．我国农产品绿色供应链耦合机制：制度经济学视角［D］．长沙：湖南农业大学，2010.

［56］杜静．产业集群发展的绿色创新模式研究［D］．长沙：中南大学，2010.

［57］杜鹏．消费者绿色食品支付意愿研究：顾客体验视角［J］．农业经济问题，2012，33（11）：98－103，112.

［58］杜巍，乔长涛，吴细卯．我国绿色食品市场培育与品牌建设探讨［J］．湖北农业科学，2011，50（9）：1930－1934.

［59］杜伟强，曹花蕊．基于自身短期与社会长远利益两难选择的绿色消费机制［J］．心理科学进展，2013，21（5）：775－784.

［60］段丽君．消费者环境敏感度对绿色消费意向的影响研究［D］．杭州：浙江工商大学，2016.

［61］发展循环经济将进入部署阶段［J］．中国仪器仪表，2012（12）：15.

［62］范广垠，童星．论消费行为的政治动因［J］．社会科学研究，2015（3）：66－70.

［63］范五三，曾盛聪，谢兴政．消费者绿色购买行为驱动因素实证分析——以青少年群体为例［J］．大连海事大学学报（社会科学版），2018，17（1）：72－78.

［64］范叶超．社会实践论：欧洲可持续消费研究的一个新范式［J］．国外社会科学，2017（1）：95－104.

［65］范颖．中国特色生态文明建设研究［D］．武汉：武汉大学，2011.

［66］方世南．领悟绿色发展理念亟待拓展五大视野［J］．学习论坛，2016，32（4）：38－42.

［67］方巍．消费者对生物柴油的购买意愿、行为及其影响因素研究［D］．福州：福建农林大学，2014.

［68］房尚文．“生态消费”的马克思主义解［D］．上海：复旦大学，2011.

［69］冯方祥．呼伦贝尔绿色产业发展研究［D］．北京：中国农业科学院，2013.

［70］冯之浚，周荣．低碳经济：中国实现绿色发展的根本途径［J］．中国人口·资源与环境，2010，20（4）：1－7.

［71］付董董，王永明．如何引导当代大学生绿色消费观［J］．理论观察，2011（1）：104－105.

［72］付董董．当代大学生绿色消费观引导研究［D］．齐齐哈尔：齐齐哈尔大学，2012.

［73］付晗宁．论绿色发展观［D］．沈阳：东北大学，2014.

［74］付伟，冷天玉，杨丽．生态文明视角下绿色消费的路径依赖及路径选择［J］．生态经济，2018，34（7）：227－231.

［75］付新华，郑翔．完善绿色消费法律制度的设想［J］．北京交通大学学报（社会科学版），2010，9（3）：115－118.

［76］傅丽芳，邓华玲，魏薇，徐诗阳．基于 Probit 回归的绿色农产品消费影响因素及购买行为分析［J］．生态经济，2014，30（7）：60－64.

［77］高保全．资源型地区政府生态责任问题研究［D］．苏州：苏州大学，2011.

［78］高键，盛光华，周蕾．绿色产品购买意向的影响机制：基于消费者创新性视角［J］．广东财经大学学报，2016，31（2）：33－42.

［79］高键，魏胜．基于计划行为理论的生活方式绿色化形成的双重交互效应研究［J］．经济与管理评论，2018，34（2）：51－61.

［80］高键．生活方式对消费行为的绿色转化研究［D］．长春：吉林大学，2017.

［81］高键．消费者行为理性对绿色感知价值的机制研究——以计划行为理论为研究视角［J］．当代经济管理，2018，40（1）：16－20.

［82］高林．绿色经济发展与生态文明建设的辩证关系研究［D］．南昌：江西师范大学，2015.

［83］高媛媛．生态文明视域下的绿色消费观探析［J］．前沿，2015（7）：105－108.

［84］宫蕾．我国绿色消费问题研究［J］．时代金融，2017（6）：193－194.

［85］宫长瑞．当代中国公民生态文明意识培育研究［D］．兰州：兰州大学，2011.

［86］龚继红，孙剑．绿色购买行为中的绿色信息影响效应的实证研

究——基于武汉、济南和成都三市538份问卷调查［J］. 华中农业大学学报（社会科学版），2012（4）：11－16.

［87］龚静. 我国经济可持续发展战略研究——基于生态经济的角度［J］. 科学咨询（科技·管理），2012（12）：11－12.

［88］关晓琳. 绿色理念在包装设计中的体现探讨［J］. 包装工程，2013，34（16）：102－104，114.

［89］关烨纬. 绿色包装设计对消费者行为的影响［D］. 天津：天津工业大学，2017.

［90］郭斌，冯子芸. 动态博弈视角下绿色住宅激励模式优选研究［J］. 生态经济，2018，34（1）：83－88.

［91］郭斌，甄静，谭敏. 城市居民绿色农产品消费行为及其影响因素分析［J］. 华中农业大学学报（社会科学版），2014（3）：82－90.

［92］郭晨. 低碳经济时代大学生绿色消费观的构建［D］. 杭州：浙江工业大学，2011.

［93］郭辉，董晔. 碳排放和能源消费约束下的中国绿色全要素生产率和经济增长研究——基于扩展的索洛模型分析［J］. 经济经纬，2012（6）：77－81.

［94］郭静，乔琦，孙启宏，等. 绿色发展、循环发展、低碳发展与工业园区的实践［J］. 环境工程技术学报，2015，5（6）：531－538.

［95］郭立伟，饶宝红. 低碳消费文献综述［J］. 经济论坛，2011（4）：178－181.

［96］郭鹏，孟洵. 低碳经济视角下的低碳消费探讨［J］. 中国轻工教育，2012（6）：9－11，25.

［97］国合会“可持续消费与绿色发展”课题组. 可持续消费与绿色发展［J］. 环境与可持续发展，2014，39（4）：46－60.

［98］韩飞. 中国特色的绿色发展理念及其社会协作机制探讨［J］. 发展改革理论与实践，2017（4）：28－31，7.

［99］韩娜. 消费者绿色消费行为的影响因素和政策干预路径研究［D］. 北京：北京理工大学，2015.

［100］韩玉玲，付大壮. 利用绿色政府采购促进中国经济模式向“低碳”转型［J］. 齐鲁师范学院学报，2012，27（6）：60－66.

[101] 韩玉玲. 绿色政府采购促进中国经济发展向“低碳”转型研究 [J]. 经济理论与政策研究, 2012 (00): 62-72.

[102] 韩玉玲. 生态文明建设视域下政府绿色采购研究 [J]. 东岳论丛, 2015, 36 (3): 160-164.

[103] 郝彩宁. 基于绿色品牌影响力视角下的消费者行为研究 [J]. 现代营销 (下旬刊), 2017 (9): 66.

[104] 郝文斌, 任雅媛. 大学生绿色消费观的培育策略 [J]. 黑龙江高教研究, 2016 (10): 1-4.

[105] 何凤波. 城市居民绿色消费行为影响因素的研究 [D]. 长春: 吉林大学, 2010.

[106] 何建坤. 全球绿色低碳发展与公平的国际制度建设 [J]. 中国人口. 资源与环境, 2012, 22 (5): 15-21.

[107] 何艳艳. 中学生消费行为问题分析及德育对策 [D]. 石家庄: 河北师范大学, 2013.

[108] 贺宝成, 冯均科. 绿色消费与技术创新演化博弈模型及仿真分析 [J]. 科技管理研究, 2015, 35 (5): 209-213.

[109] 黑晓卉, 宋振航, 张萌物. 我国绿色发展面临的困境及推进路径 [J]. 经济纵横, 2016 (10): 15-18.

[110] 胡春林, 彭迪云. 酒店餐饮业绿色消费 TPB 结构模型及其政策含义 [J]. 南昌大学学报 (人文社会科学版), 2009, 40 (5): 81-86.

[111] 胡建. 建设生态文明与克服消费主义 [J]. 上海师范大学学报 (哲学社会科学版), 2016, 45 (1): 5-11.

[112] 胡启帆, 刘斌. 大学生社会责任感与绿色消费行为的相关性研究 [J]. 科技广场, 2016 (2): 128-131.

[113] 黄光, 卢达茵. 中国绿色食品消费群体市场细分研究——基于修正的食品相关生活方式量表 [J]. 商业经济与管理, 2013 (8): 43-52.

[114] 黄娟. “五大发展” 理念下生态文明建设的思考 [J]. 中国特色社会主义研究, 2016 (5): 83-88.

[115] 黄琳娜. 影响我国绿色农产品营销因素分析及对策研究 [J].

安徽农业科学，2012，40（4）：2433－2434，2489.

［116］黄茂兴，叶琪．马克思主义绿色发展观与当代中国的绿色发展——兼评环境与发展不相容论［J］．经济研究，2017，52（6）：17－30.

［117］黄苏萍，潘阳，陈立平．低碳消费行为研究述评［J］．学海，2016（3）：174－182.

［118］黄智慧，罗云华．城市居民绿色消费意识及行为研究——以长春市为例［J］．中国市场，2013（40）：64－65.

［119］籍兴．论消费者心理对当代包装设计的影响［D］．石家庄：河北科技大学，2010.

［120］贾林娟．全球低碳经济发展与中国的路径选择［D］．大连：东北财经大学，2014.

［121］江丽．马克思恩格斯生态思想与中国生态文明建设研究［D］．武汉：湖北大学，2016.

［122］江婷，汪兴东．农村居民低碳消费行为影响因素实证研究——以鄱阳湖生态经济区为例［J］．新疆农垦经济，2015（11）：76－83.

［123］江亿，李强，薛澜，等．我国绿色消费战略研究［J］．中国工程科学，2015，17（8）：110－121.

［124］江元美．我国消费者绿色消费态度与绿色消费行为关系实证研究［D］．济南：山东大学，2011.

［125］井绍平，陶宇红，李自琼．消费者品牌转换口碑传播影响因素研究：基于绿色营销视角［J］．管理世界，2010（9）：182－183.

［126］柯晓，罗清和．消费者低碳意识、认知及对绿色产品接受程度的调查分析［J］．理论月刊，2014（8）：134－138.

［127］孔伟炎．上海市消费者对绿色农产品的认知与购买意愿研究［D］．南京：南京农业大学，2011.

［128］劳可夫，吴佳．基于 Ajzen 计划行为理论的绿色消费行为的影响机制［J］．财经科学，2013（2）：91－100.

［129］劳可夫．消费者创新性对绿色消费行为的影响机制研究［J］．南开管理评论，2013，16（4）：106－113，132.

［130］雷青松．经济新常态下我国绿色发展的现实困境及对策［J］．

甘肃理论学刊，2017（1）：70－74.

［131］雷青松．我国绿色发展的现实困境及路径选择［J］．党政干部学刊，2016（11）：55－59.

［132］李斌．绿色新政下中国绿色经济发展的相关问题研究［D］．大连：东北财经大学，2013.

［133］李超．旅游情境下游客酒店低碳消费感知及低碳消费意愿研究［D］．杭州：浙江工商大学，2018.

［134］李春香．推广绿色消费促进绿色物流发展［J］．上海商学院学报，2009，10（4）：22－26.

［135］李凡．生态—消费悖论下的居民消费引导机制研究［J］．河南师范大学学报（哲学社会科学版），2016，43（6）：64－68.

［136］李佳桐．绿色住宅选择行为的因素分析及关系研究［D］．哈尔滨：哈尔滨工业大学，2015.

［137］李锦锦．消费者为何言行不一：绿色消费意向—行为差距影响因素研究［D］．武汉：华中农业大学，2015.

［138］李丽，韩静，石红丽．低碳经济时代大学生绿色消费意识及行为研究［J］．科教导刊（下旬），2018（2）：190－192.

［139］李林．大学生绿色消费认知、意向及行为实证研究——基于武汉市某本科高校的调查［J］．湖北理工学院学报（人文社会科学版），2014，31（5）：41－44.

［140］李名梁．我国绿色营销研究：述评及展望［J］．云南财经大学学报，2010，26（1）：125－131.

［141］李名梁．我国食品安全问题研究综述及展望［J］．西北农林科技大学学报（社会科学版），2013，13（3）：46－52.

［142］李茜，刘宁，陆根法，吴小庆．绿色消费行为理论探讨及国内现状分析［J］．环境保护科学，2009，35（3）：37－39.

［143］李琴．绿色消费——生态价值回归的必然选择［J］．生产力研究，2012（12）：18－19.

［144］李实．低碳经济时代绿色消费观的构建［J］．价格理论与实践，2010（4）：71－72.

［145］李文华．生态文明与绿色经济［J］．环境保护，2012（11）：

12 – 15.

［146］李晓东．北大荒集团绿色食品营销研究［D］．哈尔滨：东北林业大学，2013.

［147］李晓西，郑艳婷，蔡宁．能源绿色战略的国际比较与借鉴［J］．国家行政学院学报，2012（6）：23 – 29.

［148］李欣如．绿色设计理念在现代设计中的应用研究［D］．临汾：山西师范大学，2015.

［149］李英．绿色食品可持续供应链关键环节实现机理研究［D］．大连：大连理工大学，2013.

［150］李勇，胡冬雯，马啸洋．绿色消费认知和意愿的行为学调查与分析［J］．城市环境与城市生态，2014，27（2）：15 – 18.

［151］李苑艳，陈凯．消费者绿色购买意向的影响因素——基于扎根理论的探索性研究［J］．企业经济，2017，36（5）：72 – 78.

［152］李周．中国经济学如何研究绿色发展［J］．改革，2016（6）：133 – 140.

［153］李祝平．旅游饭店顾客绿色消费行为研究［J］．旅游学刊，2009，24（8）：34 – 39.

［154］梁丹丹．大学生消费观现状及其教育策略研究［D］．郑州：郑州大学，2013.

［155］林长清，阎守政，张鸣．绿色消费模式与循环经济相关性的探讨［J］．环境保护科学，2009，35（1）：134 – 136.

［156］刘昂．中国乡村消费伦理问题研究——基于 J 村的田野调研［J］．四川理工学院学报（社会科学版），2017，32（6）：57 – 72.

［157］刘伯雅．我国发展绿色消费存在的问题及对策分析——基于绿色消费模型的视角［J］．当代经济科学，2009，31（1）：115 – 119，128.

［158］刘呈庆．绿色品牌发展机制实证研究［D］．济南：山东大学，2010.

［159］刘诚，卢彪．马克思主义生态视野中的消费观及其当代价值［J］．社会科学，2013（2）：111 – 117.

［160］刘分江，谢兴政，黄志铭．分享经济新业态背景下大学生绿色消费观育成对策研究［J］．昌吉学院学报，2018（3）：99 – 103.

［161］刘光富，张士彬，门成昊．再生资源产品消费者购买意向与市场营销策略研究［J］．预测，2015，34（4）：27－33.

［162］刘湖，魏金婵，张家平．互联网商业环境下绿色消费挑战与对策研究［J］．华北电力大学学报（社会科学版），2016（2）：82－88.

［163］刘华容．我国低碳经济发展模式研究［D］．长沙：湖南大学，2011.

［164］刘会齐．整合绿色包装的循环经济建设［J］．生态经济，2011（4）：149－153.

［165］刘军智．当前中国消费文化观念的影响因素研究［D］．兰州：兰州大学，2011.

［166］刘敏，刘焕新．湖南发展低碳消费对策研究［J］．湖南社会科学，2010（4）：100－104.

［167］刘宁，宿晨华．生态文明视阈下的生态消费观［J］．长白学刊，2013（5）：50－54.

［168］刘珀莉．绿色餐饮的行业发展战略［D］．重庆：重庆交通大学，2010.

［169］刘思华．科学发展观视域中的绿色发展［J］．当代经济研究，2011（5）：65－70.

［170］刘腾飞．北京消费者新能源汽车购买意愿影响因素研究［D］．北京：北京林业大学，2016.

［171］刘蔚．城市居民低碳出行的影响因素及引导策略研究［D］．北京：北京理工大学，2014.

［172］刘文玲，GertSpaargaren．可持续消费研究理论述评与展望［J］．南京工业大学学报（社会科学版），2017，16（1）：84－91.

［173］刘晓昆．浅谈绿色消费对企业绿色营销的影响及对策［J］．环境保护，2009（2）：37－39.

［174］刘新民，蔺康康，王垒．异质性消费者满意度对绿色产品定价决策的影响分析［J］．工业技术经济，2018，37（5）：145－152.

［175］刘学珍．基于用户体验的绿色产品设计评价体系研究［D］．济南：山东大学，2012.

［176］刘言松，曹巨江．我国绿色包装研究进展［J］．包装与食品机

械，2014，32（1）：60-64.

［177］刘艳．和谐社会构建中的和谐消费研究［D］．长沙：湖南师范大学，2012.

［178］刘晔明．食品绿色产业供应链管理模式与绩效评价研究［D］．无锡：江南大学，2011.

［179］刘亦晴．绿色环保包装对绿色消费行为的影响研究［J］．生态经济，2018，34（3）：122-125.

［180］刘战伟．我国绿色消费存在的问题及营销对策［J］．改革与战略，2009，25（10）：39-40.

［181］刘卓．大学生消费观教育研究［D］．大连：大连海事大学，2011.

［182］刘紫瑶，胡若痴．我国绿色消费的困境与出路探析［J］．宁夏党校学报，2018，20（1）：76-80.

［183］柳礼泉，阳可婧．大学生对绿色发展理念认同的逻辑进路［J］．思想教育研究，2017（2）：92-96.

［184］龙成志，卿前龙．消费者可持续性知识对绿色消费行为的影响——以品牌可持续性感知为中介［J］．中国流通经济，2017，31（7）：91-102.

［185］卢婧．中国低碳城市建设的经济学探索［D］．长春：吉林大学，2013.

［186］卢素兰，刘伟平．消费者绿色农产品自述偏好与实际选择偏差研究——基于情境变量调节效应的实证分析［J］．河南师范大学学报（哲学社会科学版），2017，44（6）：48-53.

［187］卢艳玲．绿色发展与观念创新［A］．中华环保联合会（All-China Environment Federation）、中国节能协会、联合国环境规划署、浙江省人民政府．第八届环境与发展论坛论文集［C］．中华环保联合会（All-China Environment Federation）、中国节能协会、联合国环境规划署、浙江省人民政府：中华环保联合会，2012：5.

［188］鹿彦．循环经济发展：模式及实现路径研究［D］．济南：山东师范大学，2011.

［189］栾小凯，胡术刚，牛海丽．中国绿色消费观的现状和培育

[J]. 世界环境, 2017 (4): 52 -54.

[190] 罗琪. 当代大学生消费观问题研究 [D]. 杭州: 浙江理工大学, 2017.

[191] 罗莹, 穆艳杰. 从异化消费到生态消费 [J]. 北方论丛, 2014 (4): 133 -136.

[192] 罗莹. 当代中国消费异化问题研究 [D]. 长春: 吉林大学, 2015.

[193] 马果, 王璇, 陈静, 张建栋. 城镇消费者节能家电购买行为及影响因素研究 [J]. 重庆大学学报 (社会科学版), 2012, 18 (6): 36 -45.

[194] 马辉. 绿色住宅驱动因素及调控机制研究 [D]. 天津: 天津大学, 2010.

[195] 马梅英. 改进消费观念建设生态文明 [N]. 青海日报, 2012 -12 -31 (007).

[196] 马维晨, 邓徐. 我国绿色消费的政策措施研究 [J]. 环境保护, 2017, 45 (6): 56 -59.

[197] 毛中根, 叶胥. 全面建成小康社会与中国居民消费发展 [J]. 南京大学学报 (哲学 · 人文科学 · 社会科学), 2016, 53 (3): 53 -61,158.

[198] 毛宗祥. 绿色食品营销策略创新探讨 [J]. 中国证券期货, 2012 (12): 288.

[199] 孟虎, 马骥, 杨以雄等. 水标签服装购买态度与消费行为意愿影响因素 [J]. 毛纺科技, 2017, 45 (7): 72 -76.

[200] 芈凌云. 城市居民低碳化能源消费行为及政策引导研究 [D]. 徐州: 中国矿业大学, 2011.

[201] 苗君强. 资源型城市低碳生态转型的建设路径研究 [D]. 天津: 天津大学, 2014.

[202] 倪琳. 基于“两型社会”建设的可持续消费模式研究 [D]. 武汉: 华中科技大学, 2010.

[203] 倪学志. 我国绿色农产品有效供给研究 [J]. 农业经济问题, 2012, 33 (4): 18 -21.

[204] 庞英，盛光华，张志远．环境参与度视角下情绪对绿色产品购买意图调节机制研究［J］．软科学，2017，31（2）：117－121.

[205] 彭诗言．中国环境产业发展中的生态补偿问题研究［D］．长春：吉林大学，2011.

[206] 彭斯震，孙新章．中国发展绿色经济的主要挑战和战略对策研究［J］．中国人口．资源与环境，2014，24（3）：1－4.

[207] 蒲冰．绿色消费视域下零售商绿色运营模式探讨［J］．商业经济研究，2017（4）：97－98.

[208] 钱乃余．中国城镇居民食品消费与食品物流保障研究［D］．成都：西南财经大学，2010.

[209] 乔冠华，李悦，顾福珍．绿色食品消费行为的调查分析——以哈尔滨市为例［J］．对外经贸，2017（1）：63－65.

[210] 乔长涛，杜巍，屈志光．我国绿色食品产量灰色预测及政策启示——基于供给增长驱动力视角的分析［J］．农产品质量与安全，2011（S1）：12－17.

[211] 秦书生，逯永娟，王宽．绿色消费与生态文明建设［J］．学术交流，2013（5）：138－141.

[212] 秦书生，王宽，隋学佳．沈阳市推行绿色消费的困境及解决对策［J］．沿海企业与科技，2012（12）：59－62.

[213] 秦书生，杨硕．习近平的绿色发展思想探析［J］．理论学刊，2015（6）：4－11.

[214] 秦书生，张泓．公众参与生态文明建设探析［J］．中州学刊，2014（4）：86－90.

[215] 秦雪征，章政．浅析绿色发展模式在我国的实现路径［J］．北京大学学报（哲学社会科学版），2016，53（2）：20－24.

[216] 邱高会．美丽中国视域下大学生生态消费模式的建构［J］．绿色科技，2015（1）：309－312.

[217] 邱亚明．中国绿色消费的困境与路径选择［J］．人民论坛，2014（2）：90－92.

[218] 曲纪同．中庸价值观对中国消费者绿色消费意图的影响机制研究［D］．长春：吉林大学，2016.

[219] 任建宏．浅析绿色消费模式［J］．甘肃农业，2009（1）：70－71，75.

[220] 任丽琼，王恒亮，林逢春．绿色消费与进化博弈［J］．环境科学与管理，2009，34（9）：190－194.

[221] 任甜．消费者创新性对绿色消费意向影响研究［D］．杭州：浙江理工大学，2017.

[222] 任玉焕．河南省发展农产品绿色物流的策略［D］．新乡：河南师范大学，2013.

[223] 沙之杰．低碳经济背景下的中国节能减排发展研究［D］．成都：西南财经大学，2011.

[224] 尚海洋，丁杨．基于IHPACT等式的可持续消费分析——以水足迹视角下张掖市低水消费模式为例［J］．冰川冻土，2017，39（4）：910－916.

[225] 沈中玉．大学生生态意识培养研究［D］．南京：南京师范大学，2012.

[226] 盛光华，高键．生活方式绿色化的转化机理研究——以绿色消费为视角［J］．西安交通大学学报（社会科学版），2016，36（4）：8－16.

[227] 盛光华，解芳，曲纪同．新消费引领下中国居民绿色购买意图形成机制［J］．西安交通大学学报（社会科学版），2017，37（4）：1－8.

[228] 盛光华，庞英，张志远．生态红线约束下环境关心对绿色消费意图的传导机制研究［J］．软科学，2016，30（4）：85－88，92.

[229] 施卓敏，郑婉怡，邝灶英．中国人面子观在RM和FM模型中的测量差异及其对绿色产品偏好的影响研究［J］．管理学报，2017，14（8）：1208－1218.

[230] 石庆新．以社会主义核心价值观引领大学生消费观探讨［J］．教育探索，2014（6）：113－114.

[231] 宋娟．基于我国企业实施绿色营销所面临问题的研究［J］．电子商务，2012（12）：24－25.

[232] 宋敏，耿荣海，王兰英，等．基于绿色发展的城市标准体系框

架构建［J］. 建筑科学，2012，28（12）：40－44.

［233］宋笑敏. 当代大学生消费价值观研究［D］. 太原：山西大学，2012.

［234］苏红. 我国商贸流通业发展对绿色生态消费的影响分析［J］. 商业经济研究，2016（7）：34－36.

［235］苏礼华. 论中国低碳经济发展战略中的政府角色定位［D］. 北京：财政部财政科学研究所，2011.

［236］苏荣丽. 基于人与自然辩证关系的绿色发展问题研究［D］. 太原：山西财经大学，2014.

［237］眭晓慧. 消费者对绿色服装态度的影响因素研究［D］. 北京：北京服装学院，2013.

［238］孙丹丹. 生态文明建设下的大学生环境道德教育研究［D］. 合肥：安徽大学，2013.

［239］孙国志，叶倩文. 大学生绿色消费观念和行为的实证研究＊——以南通大学为样本［J］. 浙江青年专修学院学报，2011，29（4）：30－34.

［240］孙剑，李崇光，黄宗煌. 绿色食品信息、价值属性对绿色购买行为影响实证研究［J］. 管理学报，2010，7（1）：57－63.

［241］孙剑，李锦锦，杨晓茹. 消费者为何言行不一：绿色消费行为阻碍因素探究［J］. 华中农业大学学报（社会科学版），2015（5）：72－81.

［242］孙习祥，张启尧. 自我一致性对消费者－绿色品牌关系真实性的影响——生态知识和感知效用的调节作用［J］. 财经论丛，2017（11）：84－94.

［243］孙艺文. 消费伦理约束下消费者产品功能需求意向影响因素及作用机理研究［D］. 长春：吉林大学，2015.

［244］汤嘉琛. 让共享经济“催化”绿色消费［J］. 经济研究参考，2016（24）：38.

［245］唐丁丁. 全面推进可持续消费促进“十二五”环保目标实现［J］. 环境与可持续发展，2011，36（4）：5－10.

［246］唐方方. 我国绿色消费的现状与发展趋势［J］. 经济研究参

考，2011（2）：3 -7.

［247］唐胜军．新疆农产品质量安全政府管理研究［D］．乌鲁木齐：新疆农业大学，2010.

［248］唐姨军．我国低碳消费存在的问题与对策研究［D］．长沙：湖南大学，2010.

［249］田芯．中国社会可持续发展的消费伦理研究［D］．大连：大连海事大学，2013.

［250］田媛．如何进一步构建“生态文明”视阈下的高校学生消费观［J］．中国成人教育，2012（23）：82 -83.

［251］佟贺丰，杨阳，王静宜，封颖．中国绿色经济发展展望——基于系统动力学模型的情景分析［J］．中国软科学，2015（6）：20 -34.

［252］万建香．环境政策促进区域经济发展的传导机制研究［D］．南昌：江西财经大学，2011.

［253］万松钱，鞠芳辉．绿色消费中的“态度—行为意向”差距及其政策含义［J］．东北大学学报（社会科学版），2012，14（3）：212 -217，224.

［254］汪玲萍，刘庆新．绿色消费、可持续消费、生态消费及低碳消费评析［J］．东华理工大学学报（社会科学版），2012，31（3）：215 -218.

［255］汪泽波，陆军，王鸿雁．如何实现绿色城镇化发展？——基于内生经济增长理论分析［J］．北京理工大学学报（社会科学版），2017，19（3）：43 -56.

［256］汪泽波．城镇化过程中能源消费、环境治理与绿色税收——一个绿色内生经济增长模型［J］．云南财经大学学报，2016，32（2）：49 -61.

［257］王财玉，雷雳，吴波．伦理消费者为何“言行不一”：解释水平的视角［J］．心理科学进展，2017，25（3）：511 -522.

［258］王财玉，雷雳，吴波．时间参照对绿色创新消费“不作为惰性”的影响［J］．心理科学进展，2017，25（1）：1 -11.

［259］王财玉，雷雳，吴波．时间参照对绿色消费的影响：价值偏好的中介作用［J］．中国临床心理学杂志，2017，25（3）：422 -425.

［260］王财玉，吴波．时间参照对绿色消费的影响：环保意识和产品环境怀疑的调节作用［J］．心理科学，2018，41（3）：621-626.

［261］王财玉．绿色消费态度—行为的分离及其影响因素［J］．西安财经学院学报，2018，31（3）：28-34.

［262］王大海，段珅，张驰，等．绿色产品重复购买意向研究——基于广告诉求方式的调节效应［J］．软科学，2018，32（2）：134-138.

［263］王丹．生态文化与国民生态意识塑造研究［D］．北京：北京交通大学，2014.

［264］王丹丹．消费者绿色购买行为影响机理实证研究［J］．统计与决策，2013（9）：116-118.

［265］王德章，王甲樑．新形势下我国食品消费结构升级研究［J］．农业经济问题，2010，31（6）：75-79，112.

［266］王德章，赵大伟，杜会永．中国绿色食品产业结构优化与政策创新［J］．农产品质量与安全，2011（S1）：5-11，23.

［267］王飞．消费主义及其对当代中国社会影响的研究［D］．石家庄：河北师范大学，2010.

［268］王锋，李紧想，陈进国，等．人口密度、能源消费与绿色经济发展——基于省域面板数据的经验分析［J］．干旱区资源与环境，2017，31（1）：6-12.

［269］王广新．生态意识、生态潜意识与生态消费［J］．北京林业大学学报（社会科学版），2011，10（1）：50-53.

［270］王国猛，黎建新，廖水香，等．环境价值观与消费者绿色购买行为——环境态度的中介作用研究［J］．大连理工大学学报（社会科学版），2010，31（4）：37-42.

［271］王国猛，黎建新，廖水香．个人价值观、环境态度与消费者绿色购买行为关系的实证研究［J］．软科学，2010，24（4）：135-140.

［272］王汉瑛，邢红卫，田虹．定位绿色消费的“黄金象限”：基于刻板印象内容模型的响应面分析［J］．南开管理评论，2018，21（3）：203-214.

［273］王浩．低碳环保视角下绿色酒店发展问题及策略探析［J］．旅游纵览（下半月），2018（1）：83-84.

[274] 王欢芳. 我国产业集群低碳发展水平及升级模式研究 [D]. 长沙：中南大学，2013.

[275] 王慧敏，乔娟，宁攸凉. 消费者对安全食品购买意愿的影响因素分析——基于北京市城镇消费者“绿色食品”认证猪肉消费行为的实证分析 [J]. 中国畜牧杂志，2012，48 (6)：48 -52.

[276] 王建国，杜伟强. 基于行为推理理论的绿色消费行为实证研究 [J]. 大连理工大学学报 (社会科学版)，2016，37 (2)：13 -18.

[277] 王建国，王建明，杜宇. 绿色消费态度行为缺口的研究进展 [J]. 财经论丛，2017 (11)：95 -103.

[278] 王建花. 农业循环经济发展模式研究 [D]. 福州：福建农林大学，2013.

[279] 王建明，吴龙昌. 绿色购买的情感 - 行为双因素模型：假设和检验 [J]. 管理科学，2015，28 (6)：80 -94.

[280] 王京京. 环境价值观对绿色消费行为的影响及作用机理研究 [D]. 哈尔滨：哈尔滨工业大学，2015.

[281] 王晶. 鄱阳湖生态经济区产业生态化研究 [D]. 南昌：江西财经大学，2013.

[282] 王静，万红莲，宋海龙. 当代大学生可持续消费观分析 [J]. 宝鸡文理学院学报 (自然科学版)，2015，35 (3)：57 -61.

[283] 王茂祯. 循环经济创新研究 [D]. 上海大学，2011.

[284] 王秋欢. 绿色信息策略对消费者购买决策的框架效应 [D]. 杭州：浙江财经大学，2017.

[285] 王太春. 绿色生态包装材料在现代包装设计中的作用 [J]. 中国包装工业，2015 (19)：37.

[286] 王万竹，王京安，金晔. 可持续消费态度和行为差异成因探讨 [J]. 生态经济 (学术版)，2012 (1)：12 -15，37.

[287] 王翔，鲍海波. 大众媒介逐利逻辑对新生代大学生消费异化的影响研究 [J]. 人文杂志，2017 (5)：119 -124.

[288] 王晓晨. 消费主义影响下的大学生消费行为研究 [D]. 大连：大连海事大学，2013.

[289] 王晓冬. 国外循环经济发展经验——一种制度经济学的分析

［D］. 长春：吉林大学，2010.

［290］王校丽. 基于消费者行为研究模型的绿色食品消费研究［D］. 武汉：湖北工业大学，2011.

［291］王琰. 我国居民绿色消费影响因素的多层次分析：基于CGSS2010 的实证研究［J］. 南京工业大学学报（社会科学版），2015，14（2）：79 –89.

［292］王永芹. 当代中国绿色发展观研究［D］. 武汉：武汉大学，2014.

［293］王越芬，郑娜. 大学生绿色消费观培养探析［J］. 经济师，2014（3）：158 –159.

［294］王炤坤. 科学发展观视野下资源型地区经济转型路径研究［D］. 太原：山西财经大学，2013.

［295］王子益，张砚，郑傲，等. 结伴购物对于大学生绿色消费行为的影响［J］. 中国商论，2017（3）：57 –59.

［296］韦得胜，谢屹，卫望玺，等. 绿色购买行为及影响因素研究——基于北京市 200 名消费者的实证分析［J］. 消费经济，2014，30（5）：61 –66.

［297］魏后凯，袁晓勐. 中国城市走绿色繁荣之路的战略路径［J］. 中国市场，2012（50）：63 –67.

［298］魏后凯，张燕. 全面推进中国城镇化绿色转型的思路与举措［J］. 经济纵横，2011（9）：15 –19.

［299］魏敏. 基于低碳经济视角的绿色旅游发展模式研究［J］. 经济管理，2011，33（2）：102 –108.

［300］魏倩. 我国绿色物流的发展演进、存在的问题及对策研究［D］. 重庆：重庆交通大学，2014.

［301］温晓琼. 供给侧改革视角下区域经济发展中绿色消费行为影响机制探讨［J］. 商业经济研究，2017（20）：44 –46.

［302］温晓琼. 基于消费者视角下绿色消费产品定价机制的影响因素研究［J］. 学术论坛，2012，35（12）：148 –151.

［303］文辉，王大伟. 以新型城镇化促进绿色能源消费［J］. 中国经贸导刊，2012（16）：43 –45.

[304] 文魁. 建设绿色城市享受绿色生活——以绿色消费推动绿色北京建设 [J]. 中国特色社会主义研究, 2009 (3): 55-60.

[305] 文龙光, 易伟义. 低碳产业链与我国低碳经济推进路径研究 [J]. 科技进步与对策, 2011, 28 (14): 70-73.

[306] 文启湘, 文晖. 加快发展绿色消费——再论推进消费转型升级 [J]. 消费经济, 2017, 33 (1): 8-11.

[307] 文启湘, 文晖. 加快推进消费转型升级——新常态下消费发展的若干思考 [J]. 消费经济, 2016, 32 (1): 87-90.

[308] 闻晓军, 汪波. 绿色住宅消费选择的实证研究 [J]. 经济与管理研究, 2012 (12): 58-65.

[309] 邬彬, 车秀珍. 深圳市推进绿色发展的必要性及路径选择 [J]. 特区经济, 2013 (9): 26-28.

[310] 吴波, 李东进, 王财玉. 基于道德认同理论的绿色消费心理机制 [J]. 心理科学进展, 2016, 24 (12): 1829-1843.

[311] 吴波, 李东进, 王财玉. 绿色还是享乐? 参与环保活动对消费行为的影响 [J]. 心理学报, 2016, 48 (12): 1574-1588.

[312] 吴波, 李东进, 谢宗晓. 消费者绿色产品偏好的影响因素研究 [J]. 软科学, 2014, 28 (12): 89-94.

[313] 吴波, 李东进, 张初兵. 他人的利益重要吗? 道德认同与解释水平对绿色消费的交互影响 [J]. 营销科学学报, 2015, 11 (2): 69-84.

[314] 吴波, 李东进. 伦理消费研究述评与展望 [J]. 外国经济与管理, 2014, 36 (3): 20-28, 47.

[315] 吴波. 道德认同与绿色消费—环保自我担当的中介作用 [D]. 天津: 南开大学, 2014.

[316] 吴波. 绿色消费研究评述 [J]. 经济管理, 2014, 36 (11): 178-189.

[317] 吴凡. 浅议过度包装与环境 [J]. 湖南包装, 2011 (4): 15-17.

[318] 吴海建. 辽宁省新能源产业发展的财政支持政策研究 [D]. 大连: 东北财经大学, 2015.

[319] 吴红超. 生态文明视角下的武汉文化旅游开发研究 [D]. 桂林: 广西师范大学, 2010.

[320] 吴琳. 绿色消费内含的生态文明观探析 [J]. 学习与实践, 2009 (1): 66-70.

[321] 吴龙昌. 绿色购买情感对绿色购买行为的影响研究 [D]. 杭州: 浙江财经大学, 2016.

[322] 吴岩. 大学生消费观研究 [D]. 包头: 内蒙古科技大学, 2014.

[323] 吴铀生. 低碳生活是人类应对气候变暖的行为选择 [J]. 西南民族大学学报 (人文社科版), 2010, 31 (1): 98-102.

[324] 吴宇晖, 张昱, 付淳宇. 市场经济的消费方式与可持续消费问题研究 [J]. 当代经济研究, 2016 (1): 77-82, 97.

[325] 伍莉莉. 浅谈绿色设计思潮对产品包装设计的启示 [J]. 大众文艺, 2017 (11): 72.

[326] 武梦笛. 哈尔滨市消费者绿色食品购买行为影响因素研究 [D]. 哈尔滨: 哈尔滨商业大学, 2015.

[327] 武婷, 史国良. 提高公众环保意识, 推动我国绿色经济发展 [A]. 中华环保联合会 (All-China Environment Federation)、中国节能协会、联合国环境规划署、浙江省人民政府. 第八届环境与发展论坛论文集 [C]. 中华环保联合会 (All-China Environment Federation)、中国节能协会、联合国环境规划署、浙江省人民政府: 中华环保联合会, 2012: 4.

[328] 夏少敏, 任国威, 韩凯. 我国居民绿色消费理念的调查研究——以浙江省临安市为例 [J]. 北华大学学报 (社会科学版), 2012, 13 (6): 41-45.

[329] 向书坚, 郑瑞坤. 中国绿色经济发展指数研究 [J]. 统计研究, 2013, 30 (3): 72-77.

[330] 肖立, 杭佳萍. 大众消费时代的居民消费特征及消费意愿影响因素分析——基于江苏千户居民家庭消费专项调查数据 [J]. 宏观经济研究, 2016 (2): 120-126, 136.

[331] 肖敏. 低碳消费态度—行为差异形成因素的研究 [D]. 北京: 北京林业大学, 2014.

[332] 肖雪娇. 生态消费行为研究综述 [J]. 经营与管理, 2017 (3): 145-147.

[333] 肖轶楠. 基于计划行为理论的酒店顾客绿色消费行为影响因素实证研究 [J]. 干旱区资源与环境, 2016, 30 (12): 204-207.

[334] 谢更放. 城市低碳社区规划的理论构架与实施策略研究 [D]. 西安: 长安大学, 2011.

[335] 谢慧娟, 许红莲. 绿色消费视角下回收物流产业发展的思考 [J]. 消费经济, 2009, 25 (4): 78-81.

[336] 谢九梅. 北京市大学生绿色消费意识与行为模式研究 [D]. 北京: 首都经济贸易大学, 2014.

[337] 谢婷. 顾客选择入住绿色饭店的行为意向研究——基于计划行为理论角度 [J]. 旅游学刊, 2016, 31 (6): 94-103.

[338] 谢云天, 刘立波, 王馨玮, 等. 供给侧结构性改革背景下绿色农产品消费意愿研究——以张家口市为例 [J]. 生态经济, 2018, 34 (3): 117-121.

[339] 辛玲. 低碳消费方式的评价指标体系与综合评价模型 [J]. 统计与决策, 2011 (11): 31-34.

[340] 熊小明, 黄静, 郭昱琅. "利他"还是"利己"? 绿色产品的诉求方式对消费者购买意愿的影响研究 [J]. 生态经济, 2015, 31 (6): 103-107.

[341] 徐盛国, 楚春礼, 鞠美庭, 等. "绿色消费"研究综述 [J]. 生态经济, 2014, 30 (7): 65-69.

[342] 徐文成, 薛建宏, 毛彦军. 信息不对称环境下有机食品消费行为分析 [J]. 中央财经大学学报, 2017 (3): 59-67.

[343] 徐文成. 有机食品消费行为研究 [D]. 杨凌: 西北农林科技大学, 2017.

[344] 徐政华. 区域生态经济发展与财税政策研究 [D]. 青岛: 青岛大学, 2010.

[345] 玄凌, 董前程, 朱丽娟. 生态文明视域下大学生绿色消费观研究——以哈尔滨部分高校为例 [J]. 黑龙江畜牧兽医, 2017 (18): 267-269.

［346］严茂洋．感知风险对消费者绿色产品购买意愿的影响机制研究［D］．成都：西南交通大学，2017.

［347］颜桂梅，胡连珍，巫慧丽，等．基于绿色消费心理木制品供应链追溯卡的设计［J］．林业经济问题，2015，35（5）：401－406.

［348］颜慧萍．促进绿色消费的税收路径探析［J］．发展研究，2015（9）：63－66.

［349］杨波．消费者对生态标签低信任度下绿色食品市场的运行和消费者行为选择［J］．经济经纬，2015，32（3）：73－78.

［350］杨春平，罗峻．推动绿色循环低碳发展加快国民经济绿色化进程［J］．环境保护，2015，43（11）：18－21.

［351］杨德锋，宋倩文，胡丽丽．绿色产品诉求对消费者绿色购买意愿的影响研究［J］．消费经济，2017，33（1）：63－69.

［352］杨凡．绿色消费的现状及对策分析［J］．现代营销（学苑版），2012（12）：146.

［353］杨佳慧．湖南省绿色经济发展效率实证研究［D］．长沙：中南林业科技大学，2015.

［354］杨家能．长沙市在校大学生绿色消费行为影响因素研究［D］．长沙：中南林业科技大学，2016.

［355］杨凯．大学生消费绿色酒店产品的行为意愿研究［J］．北京联合大学学报（人文社会科学版），2017，15（4）：49－60.

［356］杨昆，王永胜，刘翠玲，等．我国居民消费对环境的影响［J］．中国环境管理，2017，9（2）：68－72.

［357］杨平．积极构建绿色消费模式［J］．辽宁行政学院学报，2012（12）：102－105，108.

［358］杨冉冉．城市居民绿色出行行为的驱动机理与政策研究［D］．徐州：中国矿业大学，2016.

［359］杨树．中国城市居民节能行为及节能消费激励政策影响研究［D］．合肥：中国科学技术大学，2015.

［360］杨涛娜．广西绿色经济发展战略研究［D］．南宁：广西大学，2015.

［361］杨贤传，张磊．媒体说服对城市居民绿色消费行为的影响——

兼论“脱敏”现象［J］．中国流通经济，2018，32（2）：107－114.

［362］杨晓冬，武永祥．绿色住宅选择行为的因素分析及关系研究［J］．中国软科学，2017（1）：175－182.

［363］杨晓茹．消费者社会责任消费行为意向研究［D］．武汉：华中农业大学，2015.

［364］杨秀晨．消费主义对大学生消费观影响及对策研究［D］．锦州：锦州医科大学，2017.

［365］杨雪星．中国绿色经济竞争力研究［D］．福州：福建师范大学，2016.

［366］杨艳明．绿色消费与生态文明刍议［J］．系统科学学报，2009，17（1）：62－65.

［367］杨屹，陈雪娇，刘小平．绿色消费行为影响因素研究［J］．现代商贸工业，2017（2）：57－58.

［368］杨智，董学兵．价值观对绿色消费行为的影响研究［J］．华东经济管理，2010，24（10）：131－133.

［369］杨智，赵倩颖，王婧婧．广告诉求和环境态度对绿色产品广告心理效果的影响［J］．经济与管理，2017，31（1）：65－71.

［370］姚亮，刘晶茹，王如松．中国城乡居民消费隐含的碳排放对比分析［J］．中国人口·资源与环境，2011，21（4）：25－29.

［371］姚琴琴．福建省绿色城市发展研究［D］．福州：福州大学，2014.

［372］尹世久．基于消费者行为视角的中国有机食品市场实证研究［D］．无锡：江南大学，2010.

［373］於素兰，孙育红．德国日本的绿色消费：理念与实践［J］．学术界，2016（3）：221－230.

［374］于姣姣，郭丽萍，孙庆杰，等．发展无公害食品、绿色食品、有机食品存在的问题与对策［J］．安徽农学通报，2013，19（13）：3－4＋31.

［375］于少东．我国生态文明与新农村建设研究［D］．合肥：中国科学技术大学，2014.

［376］于淑波，巩鲁宁，王可．基于城镇消费者视角的消费污染及协

调性评价［J］. 山东财经大学学报，2017，29（1）：52-61.

［377］于伟. 消费者绿色消费行为形成机理分析——基于群体压力和环境认知的视角［J］. 消费经济，2009，25（4）：75-77，96.

［378］于小强. 低碳消费方式实现路径分析［J］. 消费经济，2010，26（4）：80-82.

［379］俞博文. 绿色营销与可持续发展探析［J］. 当代经济，2016（4）：62-64.

［380］俞大丽. 低碳经济背景下绿色包装发展之路探析［J］. 江西社会科学，2011，31（12）：225-229.

［381］俞世峰. 生态消费需求视角下产业结构转型升级路径研究［J］. 理论探讨，2015（4）：92-95.

［382］雨晨，底晓倩，蒋艳芝，等. 低碳农产品消费研究回顾与展望［J］. 农业展望，2012，8（12）：50-53.

［383］岳婷. 城市居民节能行为影响因素及引导政策研究［D］. 徐州：中国矿业大学，2014.

［384］岳小花. 绿色消费法律体系的构建与完善［J］. 中州学刊，2018（4）：44-49.

［385］云大清. 大学生消费现状中的问题研究［J］. 锦州医科大学学报（社会科学版），2017，15（3）：91-93.

［386］詹雅竹，陈晓莉. 大学生绿色态度之研究：新消费模式、阻碍与对策［J］. 现代经济信息，2015（2）：26，28.

［387］展纪娟. 提高参照群体影响助力绿色消费［J］. 商业经济，2018（7）：82-84.

［388］张昌勇. 我国绿色产业创新的理论研究与实证分析［D］. 武汉：武汉理工大学，2011.

［389］张晨. 我国资源型城市绿色转型复合系统研究［D］. 天津：南开大学，2010.

［390］张丹青. 基于绿色营销的大学生服装消费行为研究［D］. 杭州：浙江理工大学，2016.

［391］张海英，王厚俊. 绿色农产品的消费意愿溢价及其影响因素实证研究——以广州市消费者为例［J］. 农业技术经济，2009（6）：

62 – 69.

［392］张海英．广州市绿色农产品的消费者行为及其影响因素实证研究［J］．西北农林科技大学学报（社会科学版），2010，10（4）：52 – 56.

［393］张海英．消费者的绿色农产品认知及其影响因素分析［J］．广东农业科学，2011，38（3）：200 – 202.

［394］张红明，张文惠．绿色消费行为研究：回顾与展望［J］．战略决策研究，2011，2（6）：82 – 88.

［395］张欢，罗畅，成金华，等．湖北省绿色发展水平测度及其空间关系［J］．经济地理，2016，36（9）：158 – 165.

［396］张建平，季剑军，晋晶．中国可持续消费模式的战略选择与政策建议［J］．宏观经济研究，2015（8）：65 – 75.

［397］张静，彭文英．我国绿色经济发展障碍及对策探讨［J］．生态经济（学术版），2013（1）：144 – 149.

［398］张俊娥．基于绿色消费视角的我国现代流通体系创新构建［J］．商业经济研究，2018（3）：36 – 38.

［399］张俊峰．浅谈绿色食品营销策略［J］．黑龙江科技信息，2017（1）：286.

［400］张连刚．基于多群组结构方程模型视角的绿色购买行为影响因素分析——来自东部、中部、西部的数据［J］．中国农村经济，2010（2）：44 – 56.

［401］张亮，蔡维琼，孙严育．消费升级下湖北省城镇居民绿色消费模式研究［J］．价值工程，2017，36（27）：53 – 55.

［402］张凌．基于绿色设计理念的网购商品包装设计研究［D］．长沙：中南林业科技大学，2016.

［403］张路．新能源汽车消费者购买决策行为的影响因素研究［D］．桂林：广西师范大学，2016.

［404］张露，帅传敏，刘洋．消费者绿色消费行为的心理归因及干预策略分析——基于计划行为理论与情境实验数据的实证研究［J］．中国地质大学学报（社会科学版），2013，13（5）：49 – 55，139.

［405］张露．湖北县域经济绿色发展路径研究［D］．武汉：湖北工

业大学，2015.

［406］张露．碳标签对低碳产品消费行为的影响机制研究［D］．武汉：中国地质大学，2014.

［407］张攀攀．武汉绿色发展的综合评价与路径研究［D］．武汉：湖北工业大学，2016.

［408］张启尧，孙习祥，才凌惠．外部线索对消费者绿色品牌购买意愿影响研究：认知风格的调节作用［J］．商业经济与管理，2016（11）：46－59.

［409］张启尧，孙习祥，才凌惠．自我、绿色消费情境与消费者—绿色品牌关系建立［J］．贵州财经大学学报，2017（1）：70－80.

［410］张启尧，孙习祥．基于消费者视角的绿色品牌价值理论构建与测量［J］．北京工商大学学报（社会科学版），2015，30（4）：85－92.

［411］张乾元，苏俐晖．绿色发展的价值选择及其实现路径［J］．新疆师范大学学报（哲学社会科学版），2017，38（2）：25－32.

［412］张瑞，秦书生．我国推行绿色消费的困境及应对策略［J］．理论导刊，2013（7）：83－85.

［413］张素勤．绿色消费理念对农产品经营优化的影响研究［J］．农业经济，2016（1）：137－139.

［414］张天舒．中国文化背景下消费者价值观对绿色消费意愿影响机制研究［D］．吉林大学，2017.

［415］张婷，吴秀敏．消费者绿色食品购买行为分析［J］．商业研究，2010（12）：117－121.

［416］张婉．消费心理对食品包装设计的影响［D］．开封：河南大学，2013.

［417］张晓凤，金起文，杜杨，等．绿色农产品的“柠檬效应”及其营销对策［J］．安徽农业科学，2010，38（28）：15918－15919＋15922.

［418］张新宁，王敏达，包景岭．政策工具视角下的公众绿色消费行为影响机制研究［J］．河北工业大学学报，2012，41（6）：111－117.

［419］张妍．太原市在校大学生消费行为研究［D］．太原：山西财经大学，2012.

［420］张砚，李小勇．消费者绿色购买意愿与购买行为差距研究

[J]. 资源开发与市场，2017，33（3）：343－348.

［421］张艳涛. 新常态境遇下中国消费文化建设路径探析［J］. 山东社会科学，2016（1）：15－19.

［422］张永亮，任子平，俞海，等. 新常态下中国绿色增长：机遇和挑战［J］. 环境与可持续发展，2015，40（1）：11－13.

［423］张召. 改革开放以来中国消费文化变迁研究［D］. 北京：北京交通大学，2013.

［424］张忠宇. 我国环境资源可持续利用的机制设计研究［D］. 长春：吉林大学，2010.

［425］张子玉. 中国特色生态文明建设实践研究［D］. 长春：吉林大学，2016.

［426］章寿荣. 以绿色生活方式践行新发展理念［J］. 群众，2017（1）：35－36.

［427］赵爱武，杜建国，关洪军. 基于计算实验的有限理性消费者绿色购买行为［J］. 系统工程理论与实践，2015，35（1）：95－102.

［428］赵爱武，杜建国，关洪军. 绿色购买行为演化路径与影响机理分析［J］. 中国管理科学，2015，23（11）：163－170.

［429］赵君君，姜岩. 消费者对绿色农产品购买行为的研究［J］. 中国市场，2017（19）：123－125，127.

［430］赵盼盼. 以绿色消费助推绿色发展［N］. 福建日报，2018－01－30（004）.

［431］赵萍. 可持续消费概念研究［J］. 商业时代，2013（15）：4－7.

［432］赵苏涵，肖春水. 大学生对二手商品消费因素的调查分析［J］. 科技视界，2015（29）：137，273.

［433］赵艳，谷悦，孟海亮. 北京市大学生绿色消费行为特征研究［J］. 中国环境管理，2016，8（4）：92－95.

［434］赵永利. 我国生态文明建设视野下的绿色发展研究［D］. 长春：吉林大学，2017.

［435］赵愈. 循环经济模式的生态工业园区建设与评价研究［D］. 重庆：重庆大学，2011.

［436］赵志耘．大学生绿色消费模式研究——观念与行动［J］．科技和产业，2010，10（6）：105－108.

［437］甄静，郭斌，谭敏．消费者绿色消费认知水平、绿色农产品购买行为分析［J］．陕西农业科学，2014，60（1）：90－92.

［438］郑宏娜．中国绿色发展系统模型构建与评价研究［D］．大连：大连理工大学，2013.

［439］郑慧．建立新消费升级体系［J］．中国金融，2016（14）：76－77.

［440］郑琳，廖决能．生态文明建设背景下的大学生绿色消费教育问题浅析［J］．教育教学论坛，2017（6）：53－54.

［441］郑艳玲，李金红．城市居民绿色农产品消费意愿与行为调查分析——以衡水市为例［J］．鸡西大学学报，2015，15（12）：78－81.

［442］郑之依．基于感知价值的城市居民绿色农产品购买渠道选择影响机制研究［D］．杭州：浙江工商大学，2018.

［443］中国商业联合会课题组．绿色商业与消费发展研究［J］．商场现代化，2012（35）：114－117.

［444］中国社会科学院工业经济研究所研究员，博士生导师张世贤．企业应肩负绿色发展使命［N］．经济日报，2012－12－19（009）.

［445］周斌．绿色设计思潮对产品包装设计的启示［J］．包装工程，2011，32（2）：99－101，105.

［446］周宏春．以绿色消费引领生活方式绿色化——《关于加快推动生活方式绿色化的实施意见》解读［J］．环境保护，2015，43（24）：12－15.

［447］周宏春：共享经济助推绿色消费［J］．山东经济战略研究，2016（6）：56－57.

［448］周厚威，刘争波．低碳经济下的消费模式与引导策略研究［J］．企业家天地下半月刊（理论版），2010（1）：11－13.

［449］周晶淼，肖贵蓉，武春友．环境资源约束下基于 Solow 模型的绿色消费路径研究［J］．科研管理，2016，37（9）：152－160.

［450］周蕾．消费者创新性、顾客绿色感知价值与绿色消费意图的关系研究［D］．长春：吉林大学，2015.

［451］周中之．当代中国消费伦理规范体系研究［J］．华中师范大学学报（人文社会科学版），2013，52（2）：61－69.

［452］朱桂云．科学发展观引领下的生态文明城市建设研究［D］．武汉：武汉大学，2014.

［453］朱英兰．个人感知因素对社会责任消费行为影响的实证研究［D］．武汉：华中农业大学，2013.

［454］诸大建．绿色消费：基于物质流和消费效率的研究［J］．中国科学院院刊，2017，32（6）：547－553.

［455］祝希，孙习祥．中国消费者绿色消费动机来源分析——功能性需要还是象征性需要？［J］．企业经济，2015（12）：68－75.

［456］俎文红，成爱武，汪秀．环境价值观与绿色消费行为的实证研究［J］．商业经济研究，2017（19）：38－40.

［457］左文明，莫小华，陈华琼．国内消费模式研究综述与展望［J］．经济管理，2015，37（2）：189－199.

［458］左晓龙．绿色税收理论及我国绿色税制体系的构建［D］保定：河北大学，2010.

［459］A. K. Chapagain，A. Y. Hoekstra. The Blue，Green and Grey Water Footprint of Rice from Production and Consumption Perspectives［J］．Ecological Economics，2010，70（4）．

［460］Ágata M. Ritter，Miriam Borchardt，Guilherme L. R. Vaccaro，Giancarlo M. Pereira，Francieli Almeida. Motivations for Promoting the Consumption of Green Products in an Emerging Country：Exploring Attitudes of Brazilian Consumers［J］．Journal of Cleaner Production，2015，106.

［461］Aindrila Biswas，Mousumi Roy. Leveraging Factors for Sustained Green Consumption Behavior Based on Consumption Value Perceptions：Testing the Structural Model［J］．Journal of Cleaner Production，2015，95.

［462］Amir Hossein Refahi，Hossein Talkhabi. Investigating the Effective Factors on the Reduction of Energy Consumption in Residential Buildings with Green Roofs［J］．Renewable Energy，2015，80.

［463］Anwesha Mukherjee，Srimoyee Bhattacherjee，Sucheta Pal，Debashis De. Femtocell Based Green Power Consumption Methods for Mobile Network [J]. Computer Networks, 2013, 57 (1).

[464] Boyapati, H. K., Kumar, R. V. R., Chakrabarti, S.. Energy Consumption Assessment in LTE Baseband of Enodeb and Guidelines for Green Baseband Subsystems [P]. India Conference (INDICON), 2010 Annual IEEE, 2010.

[465] Brahim Chekima, Syed Azizi Wafa Syed Khalid Wafa, Oswald Aisat Igau, Sohaib Chekima, Stephen Laison Sondoh. Examining Green Consumerism Motivational Drivers: Does Premium Price and Demographics Matter To Green Purchasing? [J]. Journal of Cleaner Production, 2016, 112.

[466] C. E. Sandy Thomas. "How green are electric vehicles?" [J]. International Journal of Hydrogen Energy, 2012, 37 (7).

[467] Carol Farbotko, Lesley Head. Gifts, Sustainable Consumption and Giving Up Green Anxieties at Christmas [J]. Geoforum, 2013, 50.

[468] Caroline K. Bosire, Mats Lannerstad, Jan de Leeuw, Maarten S. Krol, Joseph O. Ogutu, Pamela A. Ochungo, Arjen Y. Hoekstra. Urban Consumption of Meat and Milk and Its Green and Blue Water Footprints—Patterns in the 1980s and 2000s for Nairobi, Kenya [J]. Science of the Total Environment, 2017, 579.

[469] Chia-Chia Lin, Dong-Her Shih. Green Consumption Attitudes of the Tourists Lodging in the Resort Hotel [P]. Bioinformatics and Biomedical Engineering (iCBBE), 2010 4th International Conference on, 2010.

[470] Ching-Yu Lien, Yu-Shih Chen, Chih-Wen Huang. The Relationships between Green Consumption Cognition and Behavioral Intentions for Consumers in the Restaurant Industry [P]. Industrial Engineering and Engineering Management (IEEM), 2010 IEEE International Conference on, 2010.

[471] David Evans. Thrifty, Green or Frugal: Reflections on Sustainable Consumption in a Changing Economic Climate [J]. Geoforum, 2011, 42 (5).

[472] Defeng Yang, Yue Lu, Wenting Zhu, Chenting Su. Going Green: How Different Advertising Appeals Impact Green Consumption Behavior [J]. Journal of Business Research, 2015, 68 (12).

[473] Fu-Qiao Xu, Wei-Min Ma, Xin-Guang Zhu. Introducing Pyruvate Oxidase into the Chloroplast of Chlamydomonas Reinhardtii Increases Oxygen Consumption And Promotes Hydrogen Production [J]. International Journal of Hydrogen Energy, 2011, 36 (17).

[474] Gaocai Wang, Ying Peng, Peng Feng, Nao Wang. An Energy Consumption Minimization Routing Scheme Based on Rate Adaptation with Qos Guarantee For The Mobile Environment [J]. Computer Networks, 2014, 74.

[475] Giangiacomo Bravo, Elena Vallino, Alessandro K. Cerutti, Maria Beatrice Pairotti. Alternative Scenarios of Green Consumption in Italy: An Empirically Grounded Model [J]. Environmental Modelling and Software, 2013, 47.

[476] Goiri, I., Kien Le, Haque, M. E., Beauchea, R., Nguyen, T. D., Guitart, J., Torres, J., Bianchini, R.. GreenSlot: Scheduling Energy Consumption in Green Datacenters [P]. High Performance Computing, Networking, Storage and Analysis (SC), 2011 International Conference, 2011.

[477] Haizhuo Lin, Jilong Wang. A New Evaluation Model on Green Low Carbon Energy Network For Cloud Computing— Quality of Green (QoG) [P]., 2012.

[478] Han. -Shen Chen, Chia. -Yon Chen, Han. -Kuan Chen, Tsuifang Hsieh. A Study of Relationships among Green Consumption Attitude, Perceived Risk, Perceived Value toward Hydrogen-Electric Motorcycle Purchase Intention [J]. AASRI Procedia, 2012, 2.

[479] Heesup Han, Hae Jin Yoon. Hotel Customers' Environmentally Responsible Behavioral Intention: Impact of Key Constructs on Decision in Green Consumerism [J]. International Journal of Hospitality Management, 2015, 45.

[480] Honda, M., Takei, Y., Ishizu, K., Imamoto, H., Itoh, T., Maeda, R., Matsumoto, K., Shimoyama, I.. Low-power-consumption CO_2 Gas Sensor Using Ionic Liquids for Green Energy Management [P]. Sensors, 2012 IEEE, 2012.

[481] Hui-hui Zhao, Qian Gao, Yao-ping Wu, Yuan Wang, Xiao-dong

Zhu. What Affects Green Consumer Behavior in China? A Case Study from Qingdao [J]. Journal of Cleaner Production, 2014, 63.

[482] John Thøgersen, Caroline Noblet. Does Green Consumerism Increase the Acceptance of Wind Power? [J]. Energy Policy, 2012, 51.

[483] Kelly L. Haws, Karen Page Winterich, Rebecca Walker Naylor. Seeing the World Through GREEN-Tinted Glasses: Green Consumption Values and Responses to Environmentally Friendly Products [J]. Journal of Consumer Psychology, 2014, 24 (3).

[484] Lay Peng Tan, Micael-Lee Johnstone, Lin Yang. Barriers to Green Consumption Behaviours: the Roles of Consumers' Green Perceptions [J]. Australasian Marketing Journal (AMJ), 2016, 24 (4).

[485] Lewis Akenji. Consumer Scapegoatism and Limits to Green Consumerism [J]. Journal of Cleaner Production, 2014, 63.

[486] Lin, P., Huang, Y., Wang, J.. Applying the Theory of Consumption Values to Choice Behavior toward Green Products [P]. Management of Innovation and Technology (ICMIT), 2010 IEEE International Conference on, 2010.

[487] Lombardo, A., Panarello, C., Reforgiato, D., Schembra, G.. Measuring and Modeling Energy Consumption to Design a Green Netfpga Giga-Router [P]. 487. IEEE, 2012.

[488] M. Ali Ülkü, Juliana Hsuan. Towards Sustainable Consumption and Production: Competitive Pricing of Modular Products for Green Consumers [J]. Journal of Cleaner Production, 2017, 142.

[489] Matteo De Angelis, Feray Adıgüzel, Cesare Amatulli. The Role of Design Similarity in Consumers' Evaluation of New Green Products: an Investigation of Luxury Fashion Brands [J]. Journal of Cleaner Production, 2017, 141.

[490] Mohamed Amine Beghoura, Abdelhak Boubetra, Abdallah Boukerram. Green Software Requirements and Measurement: Random Decision Forests-Based Software Energy Consumption Profiling [J]. Requirements Engineering, 2017, 22 (1).

[491] Natapol Thongplew, C. S. A. (Kris) van Koppen, Gert Spaargaren. Companies Contributing to the Greening of Consumption: Findings from the Dairy and Appliance Industries in Thailand [J]. Journal of Cleaner Production, 2014, 75.

[492] Nathan W. Chan, Matthew J. Kotchen. A Generalized Impure Public Good and Linear Characteristics Model of Green Consumption [J]. Resource and Energy Economics, 2014, 37.

[493] P. Chander, S. Muthukrishnan. Green Consumerism and Pollution Control [J]. Journal of Economic Behavior and Organization, 2015, 114.

[494] Pei Xu, Yinchu Zeng, Quentin Fong, Todd Lone, Yuanyuan Liu. Chinese Consumers' Willingness to Pay for Green-And Eco-Labeled Seafood [J]. Food Control, 2012, 28 (1).

[495] Pei-Chun Lin, Yi-Hsuan Huang. The Influence Factors on Choice Behavior Regarding Green Products Based on the Theory of Consumption Values [J]. Journal of Cleaner Production, 2011, 22 (1).

[496] Pierce, Adrienne, Parks, Val. Green mode: Equipment Interface to Reduce Semiconductor Sub-Fab Utility Consumption [P]. Advanced Semiconductor Manufacturing Conference (ASMC), 2012 23rd Annual SEMI, 2012.

[497] Po-Kai Tseng, Wei-Ho Chung. Near Optimal Link on/off Scheduling and Weight Assignment for Minimizing IP Network Energy Consumption [J]. Computer Communications, 2012, 35 (6).

[498] Qinghua Zhu, Ying Li, Yong Geng, Yu Qi. Green Food Consumption Intention, Behaviors and Influencing Factors among Chinese Consumers [J]. Food Quality and Preference, 2013, 28 (1).

[499] Qingyun Zhu, Joseph Sarkis. Green Marketing and Consumerism of Social Change in China: Analyzing The Literature [J]. International Journal of Production Economics, 2016, 181.

[500] R. Fioretti, A. Palla, L. G. Lanza, P. Principi. Green Roof Energy and Water Related Performance in the Mediterranean Climate [J]. Building and Environment, 2010, 45 (8).

[501] Ruey-lung Hwang, Hsiu-ya Hsu. Comparision of the Evaluation Method for Building Energy Consumption in Taiwan-EEWH with USGBC-LEED Green Building Rating System [P]. Consumer Electronics, Communications and Networks (CECNet), 2011 International Conference on, 2011.

[502] Shujuan Wang, Long He, Guiru Cheng. Energy Consumption Optimization Management Mechanism Based on Drug Green Crowd Data in Biological Pharmaceutical Cloud Environment [J]. EURASIP Journal on Embedded Systems, 2017 (1).

[503] Sonya Sachdeva, Jennifer Jordan, Nina Mazar. Green Consumerism: Moral Motivations to a Sustainable Future [J]. Current Opinion in Psychology, 2015, 6.

[504] So-Yun Kim, Jungsung Yeo, Sang Hee Sohn, Jong-Youn Rha, Shinae Choi, A-young Choi, Suhyun Shin. Toward a Composite Measure of Green Consumption: An Exploratory Study Using a Korean Sample [J]. Journal of Family and Economic Issues, 2012, 33 (2).

[505] Susanna C. Larsson, Jarmo Virtamo, Alicja Wolk. Total and Specific Fruit and Vegetable Consumption and Risk of Stroke: a Prospective Study [J]. Atherosclerosis, 2013, 227 (1).

[506] Takuro Inoue, Ailixier Aikebaier, Tomoya Enokido, Makoto Takizawa. Power Consumption and Processing Models of Servers in Computation and Storage Based Applications [J]. Mathematical and Computer Modelling, 2013, 58 (5-6).

[507] Wenjun Gu, Dilip Chhajed, Nicholas C. Petruzzi, Baris Yalabik. Quality Design and Environmental Implications of Green Consumerism in Remanufacturing [J]. International Journal of Production Economics, 2015, 162.

[508] Wenqi Lin, Tinghai Wu, Chengguo Zhang, Ting Yu. Carbon Savings Resulting from the Cooling Effect of Green Areas: A Case Study in Beijing [J]. Environmental Pollution, 2011, 159 (8).

[509] Xingwei Wang, Weigang Hou, Lei Guo, Jiannong Cao, Dingde Jiang. Energy Saving and Cost Reduction in Multi-Granularity Green Optical Net-

works [J]. Computer Networks, 2011, 55 (3).

[510] Xiyuan, Wan, Lei, Qi. Development of Evaluation System for Green Product Design Based on Energy Consumption Indicators [P]. Advanced Technology of Design and Manufacture (ATDM 2011), International Conference on, 2011.

[511] Yan Li, Yi Lu, Xiyue Zhang, Leping Liu, Minghan Wang, Xiaoqun Jiang. Propensity of Green Consumption Behaviors in Representative Cities in China [J]. Journal of Cleaner Production, 2016, 133.

[512] Ying-Lien Lee, Fei-Hui Huang. Recommender System Architecture for Adaptive Green Marketing [J]. Expert Systems With Applications, 2011, 38 (8).

[513] Yunxin Fu, Bing Hu. The Effects of Low-Carbon Consumption on Consumer Perceived Value in Green Hotels [P]. Business Management and Electronic Information (BMEI), 2011 International Conference on, 2011.

[514] Zhang Lei, Jiang Jingxiao, Lin Ruyang. Research on the Consumption Mode of Green Electricity in China-Based On Theory of Reasoned Action [J]. Energy Procedia, 2011, 5.